◆ 青少年感恩心语丛书 ◆

眼中有泪,心中才有彩虹

◎战晓书 编

吉林人民出版社

图书在版编目(CIP)数据

眼中有泪,心中才有彩虹 / 战晓书编. —— 长春:
吉林人民出版社, 2012.7
(青少年感恩心语丛书)
ISBN 978-7-206-09117-9

Ⅰ.①眼… Ⅱ.①战… Ⅲ.①品德教育 – 中国 – 青年
读物②品德教育 – 中国 – 少年读物 Ⅳ.①D432.62

中国版本图书馆CIP数据核字(2012)第150949号

眼中有泪,心中才有彩虹

YAN ZHONG YOULEI, XIN ZHONG CAI YOU CAIHONG

编　　者:战晓书
责任编辑:王　磊　　　　　　　　封面设计:七　洱
吉林人民出版社出版 发行(长春市人民大街7548号　邮政编码:130022)
印　　刷:北京市一鑫印务有限公司
开　　本:670mm×950mm　　1/16
印　　张:12.75　　　　　　　　字　　数:200千字
标准书号:ISBN 978-7-206-09117-9
版　　次:2012年7月第1版　　　印　　次:2023年6月第3次印刷
定　　价:45.00元
───────────────────────────────
如发现印装质量问题,影响阅读,请与出版社联系调换。

目 录
CONTENTS

目 录
CONTENTS

目 录

CONTENTS

目 录
CONTENTS

激情是生命的源头

从沙石中，从林带中，从高原上，从冰山上，一股股不甘寂寞的清泉，带着它那久蓄的激情，缓缓流到一起，汇聚成不可阻挡的水流，冲决而下，正是它构成了江河的源头。

春天的到来，摧开了满江的冰块，到处是轰轰的裂响。在它的下面，江水在不停地涌动。激情是冷冻不住的，它时时刻刻都在引领着水流的前进，奔向远方浩瀚无穷的大海。

岩壁中的小草终于也探出了头，这是它拼着全身的劲，用激情抒写的一曲小小的生命乐章。

激情是人类生命的源头，充溢着激情的生命，会以大地为河床，奋力和欢快地涌动着。这是一种能量，这是一种精神，它会冲决一切艰难险阻，引领着人类向既定的目标一路奔去！

一个人，如果他的内心时时被激情所冲撞，并且因为受着这有力的冲撞而去开采人生的金矿，那么他的生命定然是丰富的、跃动的、色彩斑斓和充满希望的。

激情与年轻联系在一起，它赋予青春一种追求的勇力，赋予青春一种浪漫的气质！年轻本身就是一个充满激情的字眼，它意味着生命与世界不断地撞击，激发着生命的种种冲动和热望，激发出生命巨大的创造力。而当他不再年轻时，他或者有过很多失败和挫折，或者发出过"曾经沧海难为水"的感叹，但是用不着悲观失望，只要他的身上还燃烧着生命的激情，那么不年轻的也仅仅只是他的面孔，他将因为内心跳跃着的激情而使生命得到延长——

激情可以转化为与命运搏斗的力量，贝多芬在耳朵完全失聪的情况下，写出了激情澎湃、震撼人心的《命运交响曲》。一个伟大的音乐家，同时也是一位与命运搏斗的勇士，他所凭借的就是自身无穷无尽、不可遏止的激情，他的那些壮美和英雄的乐章就是用智慧和激情共同谱写的！

激情依赖于信念和意志，没有信念的支撑，激情之火就容易熄灭；没有坚韧不拔的意志，激情往往难以长久。而当信念动摇、意志消退的时候，激情反过来就会成为信念的维护者和意志的鼓动者。激情对人生不可或缺，就像信念和意志对人生不可缺少一样。它使精神萎靡的人感到振奋，使冷漠和失望的人再度焕发生命的热情，使自暴自弃的人重新走向自强之路！

激情最好的朋友是智慧和成熟的思想，只有在智慧和思想的导引下，对生活做正确的选择，赋予生活以实实在在的内容，激情才不会成为无源之水；同时，也才不会让激情作着过度的、无意义的挥洒。

用激情去召唤理想，用激情去激发斗志，用激情去创造和实现生命最大的价值。激情回荡在我们生命的天空，激情一定会弹奏出最美的生命乐章！

（胡　平）

坚守善良

　　"善良"一词在《现代汉语词典》中的释义明确而肯定："心地纯洁，没有恶意。"但在我理解，善良的涵义除了心地纯洁，没有恶意之外，至少还应包含着另外两层重要的意思，那就是心怀宽厚，崇尚慈悲；善待生命，仁爱无私。

　　记得我曾在台湾的《讲义》杂志上读到过这样一个感人至深的故事：在台南一个偏僻的小镇上住着一位医术高超，名叫柯曼的医生。他把诊所设在小镇最高的山坡一所简陋的房子里，门口竖起一块醒目的招牌：柯曼医生诊所在二楼。他这样做，是方便患者在很远的地方就能清楚地看见它。在惟利是图的经济社会面前，柯曼医生却始终坚守着人性的善良，无论医术、医德、医风均为小镇人所称道。若遇穷人前来就医，他不但分文不取，还要常常搭上食宿、车旅等费用。因而，长时间以来，柯曼医生的为人一直深受小镇人的推崇和敬爱。

　　在一个雨天的深夜，柯曼医生突然接到电话。请求他到镇外一个极其偏僻的山村，去抢救一位危重病人。柯曼医生放下电话，便去匆忙地收拾药箱。但当他去发动那部破旧不堪的汽车时，才发现车灯早已损坏。柯曼医生面对着风急雨大道路泥泞，正为不知如何行驶而心急如焚的时候，所有沿路那些非常熟悉柯曼医生汽车发动机声音的居民，一刹那间全都打开了窗户，拧亮了门前的灯盏，把道路映照得一片通明。柯曼医生的眼泪夺眶而出，他发动起汽车，行进在一片光明之中。此时此刻的柯曼医生，内心充满着一种从未有过的幸福和满足。因为他所坚守的善良，得到了一片光明的回报。

柯曼医生去世的时候，整个小镇的人们都想不出该在他的墓碑上刻写些什么。因为他们觉得任何语言也无法表达那份发自内心的、对善良的柯曼医生的哀痛和敬爱。在墓碑空白的第三天，人们惊讶地发现，一个被柯曼医生从死神手中夺回了生命的小男孩，为全体小镇人作出了最好的选择。墓前简单地竖起了那块诊所的招牌：柯曼医生诊所在二楼。

随着商品经济浪潮的冲击，现如今还能够像柯曼医生那样，始终坚守善良美德的人是越来越少了。有许多人的心灵，已逐步被膨胀的物欲所充斥，所吞噬。越来越看重自我的利益得失，越来越狭隘自私，越来越斤斤计较，越来越冷漠孤僻。对整个人类群体的共同利益和生存状态，也越来越漠不关心，越来越麻木不仁。有些人甚至把早就被文明进步的社会生活所摒弃的，"人不为己，天诛地灭"之类的，散发着自私自利的腐朽气息的封建教条，重新奉为处世的准则。心里面装的，已再不是善良与仁爱，而是日益膨胀的私欲。所崇尚的，已再不是宽厚慈悲，而是巧取豪夺的狡诈和弱肉强食的残忍。千百年来一直为人类社会所尊崇的善良美德，也被一些人所摒弃，所鄙视，所践踏，所嘲弄。"富了金银，穷了心灵"的事例已屡见不鲜。

记得在我很小的时候，善良厚道的父母便经常这样教导我："做人要诚实善良，要宽宏大量。要懂礼仪，知廉耻。要以仁义爱心为本，做到善恶分明。处世要宽以待人，多栽花，少栽刺。宁种一棵树，不添一道坎。少去锦上添花，多为雪中送炭。莫因善小而不为，莫因恶小而为之……"每每回想起这些，我便常常作如是想：为什么像多栽一棵树、少添一道坎这种人人可为的善举，现在也很少有人去做了呢？其实，我们只要多栽了一棵树，人生就会多一份庇荫。少添一道坎，便给后代的儿孙留了一条平坦的路。

善良是人生的雨露甘霖，是人类温暖心灵的火焰。善良是洞穿黑暗的阳光，是心与心的亲和与信赖，是爱与爱的共振与交融。善良让世界充满仁爱，让岁月满溢温馨。善良虽博大如东海之水，巍峨如十万大山，但却又是那么简单而平易。有时，它是风雨中悄然为你撑开的一把伞；有时，它是黑暗中为你倏然划亮的一盏灯。更多的时候，善良是危难时毫不犹豫地向你伸出的，一双帮扶的手。是在你走投无路时，向你坦然敞开的，收容的门。仁爱是通往善良的路径，真诚是开启善良的钥匙。要是我们每个人都能像柯曼医生那样，心存仁爱，忘我无私。做到人人为我，我为人人，那我们的人生道路就会永远有和煦的春风萦回。

让我们都来做个善良的人吧，要知道，多一个善良的人，这世界便会多一份温暖。多一颗善良的心，人类便会多一份福荫。

（李智红）

期待火花

　　这是一幢阴暗陈旧的居民楼，偏离街道较远，垃圾无处倒，在楼下堆得到处都是。更为糟糕的是，三个单元的楼道全黑，不是灯口张着，就是灯泡坏了无人换。公用的通风窗，年久失修，玻璃破碎，有的扇柄脱落了，刮风的时候，就"吱吱"作响，煞是吓人。

　　就是这样一幢楼的居民，居然能够相安无事，仿佛人们早已习惯了这里的邋遢和脏乱，而觉不出有什么异样。

　　一天，一个小伙子来到这里，租下了中单元底楼的一家住房，准备当作新婚的住房。小伙子整天乐呵呵的，仿佛有使不完的劲儿，他先是用扫帚把门前的楼梯清扫干净，又割来玻璃换在公用通风窗上，然后踩着凳子，把楼道的灯修好，扯上一根拉绳，让进出楼道的人都能方便地开关。不仅这样，他还找来小推车，将楼底下散置的垃圾向外清理。看着他这样忙活，不少人感到有些难为情，也从家里拿出铁锹帮着他干起来，只用了一个上午的时间，整幢楼底下的垃圾便被清扫一空。

　　奇迹就是从这时开始出现的，过了不几天，小伙子居住的这个单元一至六楼走廊的灯都渐次亮了，破损的窗扇也都自觉地被人修好。夜幕降临的时候，暖融融的灯光从楼道的通风窗户里照射出来，那么祥和那么温暖。

仿佛快乐的情绪容易传染一样，这个单元全新的改变以及由此产生的美好与融洽氛围慢慢地在整个楼里渗透和蔓延开来。人们惊奇地发现：今晚这家门前的灯亮了，明晚那家门前的灯又亮了；人们拎着垃圾袋从楼道出来，再也不像以往一样随手一撂，而是自觉地向街道对面的垃圾箱走去。

小伙子怎么也没有想到，自己悄悄的一点付出，竟然让整个小楼换了模样。这不见得有什么稀奇，因为世俗的变化，如今的人们都渐渐学会了在苟且和推诿中度日，对一些不关己的东西采取了漠视的态度。其实，在大部分人的内心深处，还是涌动着对真善美的渴求和期盼，这时，只要有一点火花冒出来，就会点燃他们心中的仁慈和温善，让真情之火熊熊燃起。

很多时候，我们生活的这个世界，缺少的就是这样的火花。众目睽睽之下行凶的歹徒，列车上伸向无辜者衣兜的肮脏之手，光天化日之下射向鸟禽的尖锐枪响……倘若有一个人站出来，就会激活很多麻木和胆怯的心灵，制止罪恶的发生。

多一颗火花，这世界就增添一抹亮色；人人做一颗火花，世界将变成爱的海洋。

（柴寿宇）

第一人格

　　一个乞丐来到一个庭院，向女主人乞讨。这个乞丐很可怜，他的右手连同整条手臂断掉了，空空的袖子晃荡着，让人看了很难过，碰上谁都会慷慨施舍的，可是女主人毫不客气地指着门前一堆砖对乞丐说："你帮我把这砖搬到屋后去吧。"

　　乞丐生气地说："我只有一只手，你还忍心叫我搬砖。不愿给就不给，何必捉弄人呢？"

　　女主人并不生气，俯身搬起砖来，她故意只用一只手搬了一趟说："你看，并不是非要两只手才能干活。我能干，你为什么不能干呢？"

　　乞丐怔住了，他用异样的目光看着妇人，尖突的喉结像一枚橄榄上下滑动了两下，终于他俯下身子，用他那唯一的一只手搬起砖来，一次只能搬两块。他整整搬了两个小时，才把砖搬完，累得气喘如牛，脸上有很多灰尘，几绺乱发被汗水濡湿了，歪贴在额头上。

　　妇人递给乞丐一条雪白的毛巾，乞丐接过去，很仔细地把脸和脖子擦一遍，白毛巾变成了黑毛巾。

妇人又递给乞丐20元钱。乞丐双手接过钱，很感激地说："谢谢你。"

妇人说："你不用谢我，这是你自己凭力气挣的工钱。"

乞丐说："我不会忘记你的，这条毛巾也留给我作纪念吧。"说完那人深深地鞠一躬，就上路了。

过了很多天，又有一个乞丐来到这庭院。那妇人把乞丐引到屋后，指着砖堆对他说：把砖搬到屋前就给你20元钱。这位双手健全的乞丐却鄙夷地走开了，不知是不屑那20元还是别的什么。

妇人的孩子不解地问母亲："上次你叫乞丐把砖从屋前搬到屋后，这次你又叫乞丐把砖从屋后搬到屋前。你到底想把砖放在屋后，还是放在屋前？"

母亲对他说："砖放在屋前和放在屋后都一样，可搬不搬对乞丐来说可就不一样了。"

此后还来过几个乞丐，那堆砖也就在屋前屋后来回了几趟。

若干年后，一个很体面的人来到这个庭院。他西装革履，气度不凡，跟那些自信、自重的成功人士一模一样，美中不足的是，这人只有一只左手，后边是一条空空的衣袖，一荡一荡的。

来人俯下身用一只独手拉住已经有些老态的女主人，说："如果没有你，我还是个乞丐，可是现在，我是一家公司的董事长。"

妇女已经记不起来是哪一位了，只是淡淡地说："这是你自己干出来的。"

独臂的董事长要把妇人连同一家人迁到城里去住，过好日子。

妇人说："我们不能接受你的照顾。"

"为什么？"

"因为我们一家人个个都有两只手。"

董事长伤心地坚持着："夫人，你让我知道了什么叫人，什么是人格，那房子是你教育我应得的工钱！"

妇人终于笑了："那你就把房子送给连一只手都没有的人吧。"

是的，所有的哲学家对人格的认同都是一致的：第一是劳动，第二是思考。可是我们放眼望去，或者巡视周遭，是不是每个人都具备这两条基本品格呢？那些为人父母者是不是清晰地知道孩子在成人之前应该教给他什么呢？

（猛　醒）

米 袋 子

是很久以前的事了。

母亲吩咐我去买米，她列了清单。连同卷好的一叠米袋子交给我。

大米、小米、高粱米、玉米……称着称着，我傻眼了，左数右数都缺少一个米袋子，无论如何没法将全部的米盛回家，只好，忍痛割一米。

踏进门坎，我就埋怨母亲；为什么不先数好袋子，老远的路害我跑两趟不成？

母亲笑了，你不是系鞋带了吗，用鞋带将米少的袋于中间扎紧，上面一层不又可以盛米了！

少年的轻狂啊，仿佛直筒的米袋子，不分层次，没有城府，一眼即望到底。因为单纯，因为直率，内心的空间搁下这样就挤跑了那样，片面、偏执、狭隘。

一位离婚的朋友说，假如换成今日，我会很好很好地待他。假如，抱憾之后的假如似强弩之末，能射穿什么呢？

其实，上苍给每个人都公平地安排了一颗心，只是我们不曾开拓她。年复年，日复日，岁月以沧桑的巨手，在我们的心里一层层充填苦难、辛酸、眼泪和伤痕。这是生活的米呀，是精神必不可少的食粮，使我们承受它，使我们一天天变得坚忍、顽强，丰富和深邃。

我终于懂得，一个宽厚的人，一个仁慈、包容了许多恩怨的人该具备多少内涵迎接多少风雨。

一个宽厚、仁慈的人，多么令人敬仰，多么令人感动啊！

（栖　云）

笑

　　笑，是一种最简便的健身法。"笑一笑，十年少"，笑能增加血管压力，促进血液循环，降低胆固醇。

　　笑，是一种最美好的装饰品。"回眸一笑百媚生"，如果脸上没有笑容，身上的服饰再好也是不完美的。

　　笑，是一种最生动的"世界语"。有了笑，人类的感情就容易沟通了。"相逢一笑泯恩仇"便是最典型的写照。

　　笑，还是一种自我修养的良方。它有一种改正的力量，能防止我们成为怪人，使我们快乐、仁爱，生活也因此充满了生机和诗意。

　　"俯仰终宇宙，不乐复如何?"让我们一同笑对人生吧。

花儿努力地开

　　有一个人想学医，可是又犹豫不决，就去问他的一个朋友："再过四年，我就四十四岁了，能行吗？"朋友对他说："怎么不行呢？你不学医，再过四年也是四十四岁啊！"他想了想，瞬间领悟了，第二天就去学校报了名。

　　我的一个朋友，几年前跟人合伙做生意，运货的船突遇风浪，他们所有的财产和梦想坠入了海底。他经不起这个打击，从此变得萎靡不振、神思恍惚，如丢魂魄。当他看到另一个跟他一起遭遇变故的人居然活得有滋有味时，就去问他。那人对他说："你咒骂你伤心，日子一天天地过去；你快活你欢乐，日子也一天天地过去，你选择哪一种呢？"

　　人就是这样，当你以一种豁达、乐观向上的心态去构筑未来时，眼前就会呈现一片光明；反之，当你将思维囿于忧伤的樊笼，未来就变得黯淡无光了。长此下去，你不仅会将最起码的信念和拼搏的勇气泯灭，还会将身边那些最近最真的欢乐失去。对每一个人来说，那些如空气一样充塞在身边的欢乐才是最重要的，它组成我们生命之链上最真实可靠的一环，你一节一节地让它松落了，欢笑怎么能向下延续呢？

有一首诗写道："你知道，你爱惜，花儿努力地开；你不知，你厌恶，花儿努力地开。"是的，花儿总是在努力地开，美好的日子也一天天地在流，你该欣喜地度过每一天，还是痛苦地捱过每一日？聪明的犹太人有句话："对于你生活中的每一次损失，上帝都会给予你一定的补偿。"如果你还没有收到这份"补偿"，那么只能是你吃的苦还不够多。

苦难是一笔财富。任何时候都不要对生活心生责怨，恰恰相反，要时刻以一颗感谢之心去粗取精，对待生命旅程中的每一次挫折与困苦，感谢阳光感谢大地，感谢那滋润我们生命之躯的每一滴甘泉。只有这样，有限的生命才会愈加焕发出绚丽的光彩。

（邹扶澜）

军人的奶奶

那是我参军后第一次探家的事情，一路上我心情激动，因为好久没有回过家了。

火车停在南昌火车站，我的心跳开始加速，再过几分钟就可以坐上回家的汽车了。随着人流步出检票口时，一大群人围住旅客，问要不要住旅社，我一边摆手，一边急匆匆前行。

"嗨，当兵的，你的东西……"

我回过头，看到三个年轻人正朝一个方向拼命地奔跑，所有的人都在用一种异样的眼神看着我。

"神经病"，我心里嘀咕着，扭头欲走。

一个看上去六十多岁的老奶奶急冲冲地走到我的跟前，我还以为是拉我住店呢。"哎呀，我说你们这些兵伢子呀，怎么出门一点都不小心，钱包没了吧！"我一摸口袋，果然，钱包不见了。三个年轻人此时已跑得无影无踪。人流依旧在我的身边冷漠地流过，那些拉客的仍旧在忙着拉旅客。焦急与羞愧中我茫然不知所措。

和我说话的老奶奶也在不远处忙着，只是眼睛时不时地往我这儿瞟。见我久久未动，便走了过来："伢儿呀，是不是没钱了？你这是要上哪儿呀？""波阳"。"波阳。喔，快，东边停车场有到波阳的车。""可是我没了钱……""走，到车跟前再说。"老奶奶将我拉到了停车场，看到家乡的车牌，我涌出了泪花。这是亲切的泪，也是委屈的泪。老奶奶已经上车在跟卖票的说着什么，老半天，她从衣兜里紧张地掏出了钱包——卷钱的手帕。像小时候奶奶给我买零食一样，打开来，递给了卖票的二十元钱，将车票送到了我的手中。

在老奶奶招呼我上车的时候，我含着泪向老奶奶深深地鞠了个躬，轻轻喊了句："奶奶，这钱我一定会还给你的。"老奶奶摆摆手说："不用了，当兵的伢儿呀，苦着呢！"她看了看我的肩章，问是不是上了军校，我说是的。老奶奶笑了，脸上的皱纹绽开成一朵花。"都是有出息的伢儿呀！"老奶奶笑着，眼神中流淌着祖辈的疼爱与欣慰。

返校的时候，我揣着钱找遍了整个南昌火车站，就是没见到给我钱的老奶奶。经我一再描述，一个小姑娘告诉我老奶奶回家去了，她上军校的孙子也放假了，她要去照顾孙子，陪陪孙子。

一种暖暖的情愫再度涌上了我的心头——奶奶是所有子弟兵的奶奶。

（王长江）

道歉，人生的一门必修课

道歉，是在人们有了错误、通过自己反省对错误有所认识后的一种悔过表现，是一种积极的人生态度，也是一种不断对自己的行为进行反思的有效手段，更是一种对自己的人格、品质的修正和完善。一个人能鼓起勇气承认自己的错误，能对因自己的错误而受到伤害的人进行道歉，无疑这是一种受人欢迎的行为。

学会道歉，对一个人而言，作用十分重大。

道歉能减轻内心的不安。不能否认，一个人做了错事，只要他能认识到，必会有一种不安和惶悚时刻萦绕心间。如果对别人造成了某种伤害，这种心理状态会更为明显。但是如能在合适的环境和条件下，把这一切说出来，内心就会觉得轻松一些；对别人造成伤害的，开诚布公地向人家道歉，必能减轻心理负担。有些人一生觉得有愧于人，他们大多是做了亏心事，却披披藏藏、躲躲闪闪，或者千方百计、挖空心思遮掩，甚至改头换面、偷梁换柱，对事实真相进行歪曲。这样的人，观其内心，绝对不会平静如水、万里无云。他们时时会被这无形的不安所左右，有些人甚至因为自己对别人造成的伤害太大，便不得不时时提防，始终都觉得自己头上悬着一把无形的利剑。俗语说：为人不做亏心事，半夜敲门心不惊。反过来说：一旦做了亏心事，即使无人半夜敲门，自己也会夜中梦醒，惊魂不定。

道歉能化解矛盾。在人生中，各种矛盾固然时常发生、屡见不鲜，但许多矛盾是可以通过道歉消除的。其中，伤害了别人的人，只要能多些自我反省，勇敢地承认自己的错误，向受害人诚恳道歉，便不难化解矛盾。

道歉是一种高尚的精神境界。一些人有了错误，不愿向人道歉，并不一定是完全坚持自己的错误，只是他认为向人道歉有失身份，拉不下脸面。这实际是一种十分错误的想法。如果知道自己错了，知道自己给别人造成了伤害，能承认并向受害者真诚道歉，多数人是不会认为这是丢人的事的。人会有错，谁都在所难免。不过，过而能改，人皆仰之。所以说，只要发现因自己的错误而伤及别人，及时向人家道歉，一可以警戒自己，使自己少犯同样的错误；二可以不断完善自己的人格、提高自己的精神境界。

可见，学会道歉，是人生的一门必修课，人们只有在不断修正自己失误的过程中，才能不断完善自己，表现出高尚的人格来。

（田永明）

你微笑，世界也微笑

　　天气不好，心情也不好；早晨一起床，就碰翻了热水瓶，走出家门的时候，还是很不开心。在公共汽车上，一个冒失的男青年，一脚踩得我差点儿尖叫起来。在我怒目圆瞪快要"河东狮吼"时，那个男青年却根本没有道歉的意思，相反倒像是已作好了应战的准备。突然之间，我很想幽他一默，便缓和了声调笑着说："不好意思，硌疼了你的脚，是吧？"男青年一脸惊愕，笑容很快浮现在他的脸上，他连声道歉："对不起，对不起，都是我太冒失了。"我觉得整个车厢里顿时阳光扑面，

　　我猛然明白：你微笑，世界也微笑。

　　我不觉心情愉快了许多，微笑着走在路上，我发觉今天人们心情都不错，擦肩而过的那一张张或老或少或男或女的脸上都洋溢着明媚的笑意。走进办公室，从来都是冷着一张脸的主任看见我，脸上也泛起了浅浅的笑意，招呼我："早。"

　　晚上我哼着歌儿回家。原来挺糟糕的一天因为由一个微笑开始，反而变成了快乐的一天，或许这就是微笑的魅力吧。笑照亮了面容，

笑以它的光亮扫除了人们心中的阴翳，笑中洋溢着爱

生活中有许许多多的微笑让人感动。也许是人行道上一个善意的微笑，也许只是来来往往的人流中一张纯真的、对所有人都微笑的脸，也许只是考场上老师走过来对你微微一笑，也许是为家事烦扰的你急匆匆跨进办公室已经迟到时上司脸上兼写着责备和宽容的微笑……有一些微笑将伴随我们的一生：父亲睿智的、理解的微笑，母亲宽容一切、谅解一切的微笑……即使是在你感觉世态炎凉、人情冷漠的时候，这微笑也是你心中不灭的灯。

微笑不费分文，但它给予人的甚多：它会使获得者富有，但决不会使赠与者贫困。微笑传递着友谊，传递着关切，传递着善意。在无法用语言来表达彼此心意的时候，有一个诚挚的、暖人心的微笑就足够了，此时，所有的语言都会显得苍白，显得那么地词不达意。

即使是在你一贫如洗身无长物的时候，你也有最佳的礼物赠与别人，那礼物就是微笑。没有人富有得不再需要微笑了，也没有人会贫穷到连一个微笑也赠与不起的程度。

如果你在抱怨生活中难得看到一张笑脸，那么我可以肯定，你自己也是一个缺少微笑的人？在家人面前，在朋友面前，在同事面前，在陌生人面前，在别人失败的时候，你有没有鼓励的微笑？在别人焦虑、惶惑的时候，你有没有安慰的微笑？在别人犯了错误的时候，你有没有谅解的微笑；在别人伤害你的时候，你有没有宽宏的微笑？你有没有？你反思过吗？

也许生活中有许多事情使我们笑不出来。在你最困顿的时候，有人落井下石，最深的伤害来自最亲近的人，笑容在悲苦、愤怒和绝望中冻结；一张总是拉长了的脸，决不会使人赏心悦目，它换来的只能是别人拉得更长的脸……而自信的微笑总是给人以美的愉悦，它向生活发出无声的宣言：我是永远也压不垮、摧不毁的。

有一些事情总是让人心情愉快的，在超市买了东西，我微笑着向很不耐烦的售货员小姐道谢："你的服务真周到。"一丝羞涩的微笑绽放在她的唇角，她红润的双唇在雪白的牙齿上展开，一朵美丽的笑之花就这样盛开了。我知道，迎接下一名顾客的也必定是阳光一样明媚的笑脸。

让我们都记住这句话吧：你微笑，世界也微笑。

（初 人）

非血之爱

　　爱，有无数种分类法。我以为最简明的是——以血为界。

　　一种是血缘之爱，比如母亲之爱亲子，儿子之爱父亲，扩展至子孙爱姥姥姥爷爷爷奶奶，亲属爱表兄表弟堂姐堂妹……甚至爱先人爱祖宗，都属于这个范畴。

　　还有一种爱在血外，姑且称为——非血之爱。比如爱朋友，爱长官，爱下属，爱动物……最典型的是爱自己的配偶。

　　血缘之爱是无法选择的，你可以不爱，却不可能把某个成员从这条红链中剔除。一脉血缘在你诞生之前许久，已经苍老地盘绕在那里，贯穿悠悠岁月。血缘之爱既至高无上又无与伦比的沉重，也充满天然的机缘和命定的随意。它的基础十分简单，一种名叫"基因"的小密码，按照数学的规律递减着，稀释着，组合着，叠加着，遂成为世界上最神圣最博大的爱的基石。

　　非血之爱则要奇诡神秘得多。你我原本河海隔绝，天各一方，在某一个瞬间，突然结成一体，从此生死相依，难道不是人世间最司空见惯又最不可思议的偶然吗？无数神鬼莫测的巧合混杂其中，爱与恨泥沙俱下无以澄清。激情在其中孕育，伟大与卑微交织错落。精神与人格，在血之外的湖泊中遨游，搅起滔天雪浪，演出无数悲欢离合的故事……爱恋的光谱，比最复杂的银河外星系轨道，还难以预计。

血缘之爱使我们感知人间最初的温暖与光明，督促我们成长，教我们成人。它是孤独人生与大千世界的脐带，攀援着它，我们一步步长大，最终挣脱它的羁绊，投入血外之爱。然后我们又回归，开始血缘之爱新的轮回。

血缘之爱是水天一色的淳厚绵长，非血之爱更多一见钟情的碰撞和千折百回的激荡。

血缘之爱有红色缆绳牵引，有惊无险，经历误会顿挫，多能化险为夷，曲径通幽。非血之爱全凭暗中摸索，更需心灵与胆魄烛照，在苍莽荒原中，辟出人生携手共进的小径。非血的爱，使每个人思考与成长，比之循规蹈矩的血缘，更考验一个人的心智。

爱一个和你有血缘关系的人，是一种本能，一种幸福，一种责任，一种对天地造化的缠绵呼应。

爱一个和你没有血缘关系的人，是一种需要，一种渴望，一种智慧，一种对美与永恒的无倦追索。

我们一生，屡屡在血与非血的爱中沐浴，因此而成长。

（毕淑敏）

苦难的意义

生命如东逝的流水，若流淌在平坦的河床水势必定平直，只有迎向暗礁，生命之水才会激起灿烂的浪花。

人们都希望自己成为生活的强者，但通向强者的路上永远有苦难在那里等待。苦难使人经受考验，苦难使人奋勇搏击。

苦难是福。顺境中人们看到的是鲜花和笑脸，习惯于喜悦浸润的心灵往往承受不起太大打击的负荷；迎向苦难，虽处逆境，但可使人尝遍人间酸甜苦辣感受世态冷暖炎凉，每经历一次苦难就更多一层对生活的领悟，更了解人生的真谛。

苦难是毅力的磨刀石。绳锯木断，跛鳖千里，一千次的失败就有一千零一次的从头开始。一次次的努力，使毅力这柄前行斩棘的锋刃被磨砺得削铁如泥。

苦难是生活中无声的老师。她培育了人们优良的品格，塑造了人们不屈的精神。摒弃懒散的惰性，摆脱无聊的幻想，"宝剑锋从磨砺出，梅花香自苦寒来"，经过苦难的煎熬，和煎熬后成功的快意，人们才懂得：以客观的态度去正视生活才是有志者唯一的选择。

苦难是动力的催化剂。它能激发人们昂扬的斗志，使强者变得更加坚强，弱者摆脱怯弱的本性，促使每个有理想的航者为了圆一个美丽的梦，而高扬起前进的风帆。

苦难是一本启智的经书。当人们精心阅读感受它后，会发现它在娓娓讲述丰富的生活阅历时，又夹杂着睿智，细细品味会使人豁然开朗，智慧倍增。

苦难又是一位深沉的哲人。他说：强者的人生意义不在于他辉煌的成功，而在于他为实现理想所做的一次又一次搏击，强者在风浪中领略到的瑰丽之景是平庸者永远看不到的。

感谢苦难，它使人明白了生命的内涵；感谢苦难，它告诉我们生活的八字真诀：正视、不屈、沉着、奋进。

苦难是人生一道永远开放着绚丽花朵的风景！

（张　涛）

"获得友谊的秘密

　　爱因斯坦因提出相对论而成为举世闻名的科学家。为了科学研究，他的爱好只保留了两项，一个是散步，一个就是拉小提琴。在小提琴悠扬的旋律中，爱因斯坦如痴如醉。

　　"先生，有一个音是不是拉得太高了？"说这话的是位园艺工，他每周一次来爱因斯坦家帮助修剪草坪什么的。他长相粗鄙，一看就知道是个缺乏文化素养的劳动者，天知道他怎么能通晓音乐的。

　　爱因斯坦这阵子也老觉着拉的小提琴走调儿。他闻声停了下来，饶有兴致地向园艺工讨教起来。

　　过了一个星期，又到了园艺工上门的时间，他如约向爱因斯坦家走去，却见爱因斯坦笑眯眯地恭候在门口了。"你再听听我拉的小提琴怎样了。"爱因斯坦说完就操起了琴弓。

　　听完演奏，园艺工又认真地提了些意见。爱因斯坦像个小学生似地边点头，边思考。

　　园艺工人突然意识到了什么。

　　"爱因斯坦先生，我对音乐并非全懂呀！您对拉小提琴如此喜欢，去请一位专家来指导不是更好吗？"园艺工不好意思再当科学家的老师了。

"不，"爱因斯坦连连摇头，"我找过他们；可他们总是夸奖我……"两人就这样成为朋友了。有一次，美国总统打电话来，要拜会爱因斯坦先生。"我另有约会，请改日再来吧。"爱因斯坦说的这个约会，其实就是那位园艺工人来修剪草坪的工作时间。

高山仰止。

对爱因斯坦这样的伟人，我们常常觉得无缘走近。上面这段佳话证明我们错了。

不平凡的伟大人物也珍视友谊，他们的朋友却不一定伟大。换句话说，友谊可以跨越任何距离，凡人和大人物之间也有缘分。

两人朝夕相处，未必是真朋友；在社交场合同进同出，把酒换盏，也未必就有真正的友谊。友谊是心灵的契约和共鸣，真朋友之间彼此就要敞开坦诚的心灵，去聆听心语的呢喃。爱因斯坦的琴声打动了园艺工的心扉，他的坦言又使爱因斯坦接纳一份真诚。于是，两颗心才连在了一起。

伟大人物身边不乏崇拜者。崇拜者就是崇拜者，在偶像面前崇拜者总是跪着，尽管他的双手捧着自己的一颗心。大人物在打量这颗心的时候，同时把自己的心重重包裹起来。这就是许多大人物找不到知音，徜徉寂寞，小人物自卑自馁，收获不了友谊的症结所在。

（邵泽水）

少 年 错

中考过后，周小勇拿着一本厚厚的同学录来找我。我记得那天他泪流满面的模样。我们共同以为，这一次的分开，便是永久的别离。我有些哽咽，伸手将同学录翻到最后一页，用黑色的签字笔写下了"友谊长存"。这四个字像一个快要消散的梦，让我们彼此伤感。

天意弄人。两月后，我和周小勇又在同一所学校的男厕里狭路相逢了。他的瞳孔无限扩大，面目狰狞，就连嘴巴里那根宝贵的劣质香烟都颤抖得掉落在地。

恼人的上课铃声阻断了我们的高谈阔论。周小勇一面小跑着赶往教室，一面回头嚷嚷着让我放学等他。放学后，我在校园小卖部门口手握两根伊利雪糕，神情呆滞地守望着高一的教学楼。

周小勇仍然是个倒霉蛋。他刚呼哧呼哧地跑出来天上便扬起了蒙蒙小雨。周小勇说，在雨中潇洒漫步吃雪糕的男孩帅呆了。为了追求这个虚无缥缈的帅字，我放弃了雨伞，陪着身体臃肿的周小勇慢慢地走在雨中的小路上。

事实上，不到五分钟我和周小勇就成了世界上最衰的花季男孩。瓢泼大雨不但将我们手中的雪糕一扫而光，还创造了两只一胖一瘦的"马路落汤鸡"。

正当我和他嬉笑着走上铁桥时，忽然从雨中传来了微弱的救命声。先前，我们都看过一些以声索命的恐怖故事，因此对于这种情况不约而同地保持了沉默，

呼救声越来越大，那歇斯底里的哭喊，让人闻之心碎。我和周小勇陆续停在了铁桥上，凭高四处搜寻落难者的所在地。

稠密的雨线阻挡了我们的视线。呼声在雨中变得越发焦急、恐惧和混乱。因雨打江面的缘故，我们实在找不到声音的发源地。

终于，我在不远处的栏杆上看到了河里的求救者。那是一个身穿蓝色校服的女孩。

她瘦弱的身躯在浑浊的河水中摇摆，冰凉的河水将她卷入湍急的河流。她又借着树枝的力量，艰难地将头露出水面。

周小勇的怒吼使我打了一个冷战。他紧锁眉头，朝我大喊了一声救人后，独自跳入了河中。女孩的双手虽然依旧紧拽树枝，但如果树枝断裂的话，她势必会被湍急的河流卷去。

看着周小勇在河中奋力扑游的背影，我始终都没有勇气跳下去。

事实正如我想象的那样。笨拙的周小勇在此刻的河流中完全不堪一击，他的衣服在浑浊的河面上一起一落，一隐一现。

大雨中的河流像一条腾跃的长龙，撕扯开他们身边的树枝，吞

噬了紧紧抱住的他们。

直到最后，周小勇朝我挥手求救的那一刻，我都没有勇气纵身一跃。骨子里的懦弱和自私，让我在瞬间恨透了自己。

庆幸的是一个雨天撒网的路人救下了他们。

之后，我去了另外一所学校，而周小勇，再也没来找过我。我们那份"友谊长存"的友谊，如同那天的树枝一般，在悲绝的呼喊中混入了奔腾的河流。

岁月一路匆匆呐喊着在我耳旁飞过，周小勇成为劳动市场的一名板车夫。他时常出现在我所居住的小区楼下，帮人驮运家具。每每从窗外看到他，我的眼前都会出现那过去的一幕。我从没有勇气向后辈们提勇敢二字。

命运总是戏剧性发展着。我亲眼看着板车上的绳索忽然散开，一个笨重的衣柜顺势滑落，将弯腰行进的周小勇砸倒在地。

背着昏迷的周小勇往医院狂奔的时候，我有种赎罪的坦然。这些年，我只要闭上眼睛，就能看到那天他们两人无助的眼神。我想，如果时光再给我一次机会的话，不论生死，我都会跳下水的。

周小勇醒来的时候，认出了我。他的原谅在嘴角慢慢扬起。我才说了一句"这些年我过得好苦"，便抱着他嵌满勒痕的肩膀，哭了起来。

（一路开花）

化蝶的疼痛

　　等他长大，等这一天，她等了很多年。

　　那时候，他还小，她把他寄放在外祖母家里，每次她去上班，他就会揪住她的衣襟，狠狠地哭，小脸抹得跟花脸猫一样，一边哭一边仰起小脸儿说："妈，不上班。"

　　这样的祈求怎么能不羁绊远离的脚步？可是她还是固执地说："不行，妈妈不上班，我们就得饿饭。"饿是他那时所能理解的最直接的概念，可是他仍然会不依不饶地问下去："那什么时候可以不饿饭？"她说："等你长大。"他抹掉眼泪，哽咽："等我长大。"她哭笑不得，心中是挥之不去的隐隐的痛。

　　她是单亲母亲，没有太多的自由，更不能不坚强，因为她是他的天。

　　她几乎不错眼地盯着他成长的每一步。小时候，每一次他犯了错，都会伸出小手，掌心向上，等着她打手板。

　　成长和蜕变其实是很残酷的，怎么会不犯错？他拿了同学的橡皮、他跟外祖母说了谎话、他踢足球把人家的汽车玻璃砸烂了，回家都要挨她的手板……小时候做了错事，他会拼命检讨，稍稍长大一些后，就变成无声的忍受，这样反而会激起她更大的怒气，因而会打得更狠。

这一年，他15岁，有一点儿叛逆和张扬。初升高最紧张的阶段，他选择了逃避，掉进悬疑小说里不能自拔。她花很多钱请名师给他辅导，花很多钱给他增加营养、买复习资料。怕体育过不了关，还花钱请了外校体育老师单独训练。一头是他，一头是工作，来来回回地奔波，她疲惫到不管倚在哪里都能睡着。补习班的老师给她打电话，说他上课的时候看悬疑小说，她听了之后，终于无法控制自己的情绪，血往头上涌，一下就晕了。

醒来，是在医院里。

他去医院看她，医生说她患了很严重的营养不良，他听了始终没有吭声，他默默地从书包里拿出从家里带来的那个专用竹板递给她，然后手心向上，闭上眼睛，静静地等着她惩罚。

等了半天没有动静，他睁开眼睛，看见她早扔了竹板，低头不语。

时间一点点溜走，两个人就那样僵持着，谁都不肯开口。最终还是她沉不住气，哽咽地说："从小到大，每一次你犯了错，我都会打手板，让你记住自己犯的错，别在同一个地方再次摔倒，可是今天我不想打手板了。你不用心疼妈妈，妈妈为你花钱、为你奔波、为你所做的一切都是应该的，是一个为人母亲的责任，是我的快乐。

咱们还是说说你吧！每天早晨，你比任何一个人起得都早，甚至比第一班公共汽车还早，然后穿越整个城市，去学校上课。晚上5点钟放学，因为堵车，你往往要8点之后才能回到家。为了上学，你有没有计算过每天有多少时间奔波在路上？你想过没有，你对得起自己吗？你那么辛苦和疲惫，穿城而过，就是为了去学校看小说？"

他的眼泪一滴一滴，滴到她的手背上，良久才说："妈，我知道错了，你别生气了，好好养病，养好了咱们回家！"

她的眼泪不可遏制地流下来："你知道吗？我等你这一句话等了很久，一个人遇到什么困难都不可怕，最可怕的就是认不清自己。"

青春有时候是一只毛毛虫，只有全部消化掉，才可能完成最终化茧成蝶的过程，长出美丽的羽翼。

一只美丽的蝴蝶，需要一位母亲不停地努力和付出。

（积雪草）

善良，是心间一朵莲花开

　　善良，是人们心间绽放的花。它远离喧嚣的岸，收敛着剔透的花瓣、幽婉的芬芳，伫立成一茎明澈的纯真，摇曳为一抹恬然的淡泊。它舒展着娉婷的笑靥，仿佛一首云淡风轻的小诗，又如一曲蓝天碧水的梵音。它是一朵佛前的青莲，任由红尘万丈，我自纤尘不染，诸邪不侵，只静看清水一脉脉的划过如烟岁月。

　　心怀善良，便萦绕满怀馨香，延己及人。它能洞穿黑暗，直抵灵魂，砸破狭隘的锁，开启心与心的信赖与共鸣，既善待自己，也善待他人，用善意的微笑和言语来温暖彼此。不要妄自捣毁稚嫩的希望，不再断然冻结真挚的情谊，少些倔强与仇恨，多份宽容和体谅，自然会坐拥点点滴滴真善美的记忆，消融悲伤、化解懊恼，让生活一寸一寸地灿烂开来。

　　心怀善良，便生出随喜之心，豁然开朗。或许会失去不少实惠的利益，或许会让一些不甘和委屈压在心里，谁也不是超脱凡事的圣人，这世上有太多太多的欲望纠缠着我们这些饮食男女，如果没有善良的初衷发轫，一双双赤脚只能在邪念的泥沼中无法自拔，是善良给了人们纯情的眼眸与金贵的救赎，从容地将一切阴霾与不幸摒弃，禅意地播种阳光和雨露，淡定地收获快乐的果实和幸福的花丛。

心怀善良，便拥有不老音容，芳龄永驻。水流不争先，滋润根本，何妨零落成尘。悄然做真诚好人，细行实在好事，欢度平凡的好日子，以善良之心对待所经历的一切，不怨天尤人、不自暴自弃；以善良之心对待身边的所有人，不妒忌怨恨，不嘲笑排挤……善良可以让坎坷变成前行的垫脚石，也能使疏离结为兄弟。把善良栽种在心里，即便时间在我们额上犁满辙痕，也会获得生命的繁荣与蓬勃，宛若永恒的春光、不落的星辰，你不必斤斤计较，不必处心积虑，而是时时享受风清日朗，刻刻健步柳暗花明，衾影无惭屋漏无愧，宠辱不惊衰荣不扰。如此明净心路，定将行得海阔天空，赢得不老芳华。

善良是灵魂的返璞归真，是人性的虔诚皈依。哪怕只是一句真诚的问候，哪怕只有一个体恤的眼神，都会使我们在百转人生中获得绵长的感动与温情的停留。而泛滥的邪恶与麻木注定会冲垮道德的堤防，伤人的同时淹没自己。

这世间存在太多杀戮的力量，善良则是佛前的一朵莲花，可以渡我们重生。

（卢　镜）

花间十六拍

我常常在想，生活到底留给了我什么？是那些匆忙的时光？是那一本本的书？是那刚刚买来的新衣？还是我的新朋与旧友？

没事的时候，我总是喜欢整理旧东西。

比如旧相册。

那时候还小吧，十四五岁，和同学跑到照相馆去照相，黑白的，几张年轻的脸挤在一起，青涩、单纯。那个老照相馆很简陋，我记得给我们照相的男人长得白而矮，我们给他起了外号叫小白。那时没有数码相机，照相馆不叫巴黎春天或罗马假日，它只是叫新华照相馆，朴素，自然。

我们常常一趟趟地去问，洗出来了吗？洗出来了吗？一般的情况下，照片洗出要五到七天，我们捏着那张取相的条子，怀揣着喜悦与等待，那几日，竟然好像一生中最喜悦的时光。

照片取出来也就索然了，谁笑得太拘束了，谁的脸僵了，而现在有每天可以照几百张的数码相机，却完全没有了那种心情。

我还记得母亲带着我去做过年的新衣，鲜红嫩绿的卡其料子，裁缝说，安个拉锁吧，今年流行呢。我记得那个裁缝拿着尺子量着我，我闻得她头上的桂花油的香，那件衣服，我盼望着，盼望着，但时间太漫长，好像永远也过不完。

穿上新衣的那天，我去找隔壁的小孩子玩，让她羡慕。那种心情，我隔了这么多年，还是记得。

我还记得，那羞涩而心跳的黄昏，我一个人站在供销大楼的对面，等待一个人。

我的手里，捏着一张小纸条，那张纸条，湿了，是我的汗润了它。我心里，揣了一万只小兔子，这是第一次喜欢一个人。我记得他的剑眉星目，记得他唇边淡淡的笑，浓密的黑发，洁白的牙齿，记得他进教室到他座位是13步，记得他长得像三浦友和，记得他的声音有空灵的磁性

我叫住了他。

然后把纸条给了他，我转身骑车就跑，那个五月的黄昏，这样喜悦这样颤栗这样充满了神秘与玄机，我写的是一句席慕蓉的诗：如何让你遇见我／在我最美丽的时刻／为这／我已在佛前求了五百年／求他让我们结一段尘缘……我一边写，一边欣喜，那些心跳，那些喜悦，这么多年，仿佛昨日。

还有那条镶着碎钻的银色长裙，那年，我穿着它主持系里的元旦晚会，有人给我四个字，绝色倾城。这四个字：在青春的痕迹里，那么耀眼光亮，那条长裙，是我花了一个月的家教费用买来的，不

实用，只有在晚会上能穿，可是，我如此珍爱它喜欢它，因为它让我在那个晚上，呈现出动人的色泽。在与衣服的多年相知相依的过程中，我不断地把它们抛弃，它们见证了我的许多光阴与岁月，但只有这一件，我一直留了下来。有一天我翻看它，发现它也老了，那些碎钻，不再闪着亮晶晶的光，而我，青春已过。

感谢这些记得，这些光阴中的片段，它们让我知道，闲适、稳妥、简单的生活才是我最需要的，如同花间十六拍，拍拍不相同，但每一拍，都是一道闪光的记忆。我记得这些光阴中的刹那，就像我记得那条银色的雪纺裙，大朵大朵的白色花瓣，冷蓝银白，藏了无尽的繁华和世间的热闹。我终于知道，生活中最重要的是什么，是那光阴里我无法忘记的纯真和疼痛。人生最美的刹那，也许就是我把小纸条给他的那一瞬间，就是我等待取黑白照片的那几日吧。

（雪小禅）

点燃友谊之火

从前有一个叫阿里的人，在老富商阿玛尔的店铺里打工。他很穷，但很勇敢。

一个冬天的晚上，阿玛尔说："到现在，还没有人能够在山顶上不盖毛毯不吃东西过一晚上。我知道你很需要钱，如果你能做到的话，就会得到一笔巨额的奖赏。如果你做不到，就得无偿为我工作三十天。怎么样？"

阿里回答说："好，我明天就去。"

然而当他走出店铺后，他看到凛冽的寒风在头顶上空咆哮。见此情形，他心里顿时打了退堂鼓。于是他决定去问问他最好的朋友艾迪，他接受打赌是不是个疯狂的举动。

艾迪听后想了片刻，然后开口说道："我来帮你吧。明天，你在山顶上的时候向前看。到时候，我会在你旁边的那个山顶上为你整晚点上篝火。你看着篝火，想想我们之间的友谊，就不觉得冷了。你保准能做到，过后你给我点回报就行了。"

结果，阿里果然赢了。他顺理成章地得到了一大笔钱，随后他来到朋友的家里："你说过，你想要我报答你。"

艾迪回答说："没错，不过不是钱。我要的是一个承诺：无论什么时候，只要有冷风从我的生活中刮过；你就会为我点燃友谊之火。"

（何晨　编译）

莫听穿林打叶声

那是一个怎样的女孩，让我些许麻木的心灵受到了震撼，仅仅是因为她的外形、她的声音，还是……

选秀节目现场，出现了一个女孩。23岁，身高1.28米，穿着粉红色的连衣裙，脸上是自信甜美的笑容。如此袖珍，如此惹人怜爱。音乐响起，灯光暗去，唯美的童声演唱起歌曲《萤火虫》，让全场如痴如醉。

由于身患侏儒症，从五年级以后，女孩就再也没有长高过。这给她的生活带来了诸多不便。比如打车时，出租车都不会停下来。因为那些司机会想：这么个小孩子，坐车哪有钱？然而女孩克服了重重困难，成了北京皮影戏艺术团的一名皮影戏演员。女孩说，我觉得《萤火虫》写的就是我，虽然小，也要努力绽放光彩！而面对未来，面对人生，面对别人的同情抑或怜悯、欣赏抑或赞扬，女孩只是淡定而又自信地回答："我相信我会幸福的！"

记不起有多久，没有这样受到触动了。好像我们一直不满足，一直在抱怨。千辛万苦找到一份工作，又说上班的心情比上坟还要沉重；勤奋耕耘换来名利双收，又觉得钱财生不带来，死不带走，恨不得挖个兵马俑来存放才安心；耐心教导子女成才，又因为孩子没有进入重点学校重点班而愤愤不平。我们看似身心健全，但是又有几个人能有袖珍女孩那样的豁达和洒脱。越是沉溺于幸福，就越不能自拔，越变得脆弱，早已没有淡泊悠然的心境。

只是我们不知道，当我们怀着某种虚幻愿望，极力想在生活的秋千上荡到生命的最高处时，最终回到的，往往还是它原来的位置。

莫听穿林打叶声，何妨吟啸且徐行。捷克作家米兰·昆德拉在他的小说《玩笑》中说：受到乌托邦声音的诱惑，他们拼命挤进天堂的大门，但当大门在身后砰然关上时，他们发现自己在地狱里。生活有时就是这样黑色幽默，让渺小的人们难看无助。当我们已经习惯了本应朝气蓬勃的年轻人因为高考落榜而自杀的新闻，当我们已经麻木了本应花枝招展的少女因为情感问题而服毒的消息，当我们已经熟悉了本应阳刚帅气的少年因为追求流行而开始走颓废路线的现象，女孩的那句"我相信我会幸福"，又熄灭了多少人经久不灭的怒火，唤醒了多少人本该彰显的斗志，点燃了多少人沉睡已久的激情。

眼中有泪，心中才有彩虹。

无须推窗邀约的情怀，不必把酒临风的洒脱，内心的突围和振奋有时只在一个念想，只在一瞬。桃花谷中只有平凡的农夫，香格里拉亦无光辉的岁月。在磨难和不幸中依然心存希望和感激，那么纵使只有竹杖芒鞋，亦可一蓑烟雨任平生。或许正如卡夫卡说的那样，我们可以用一只手拨开笼罩命运的绝望，一只手匆匆记录下所看到的一切。

华丽转身。回首向来萧瑟处，归去也无风雨也无睛。

（刘　悦）

短暂的友谊亦珍贵

为什么友谊来了又去？一个一度亲密无间的知心朋友，怎么会从你的通信录中划掉了呢？一段友谊逐渐淡化并最终消失是一件坏事吗？

某些友谊原本就是过眼烟云，我最初意识到这一点，是在我大学生活最后那年的春天。我在那里建立的友谊特别亲密，我们朝夕相处，亲密无间，海阔天空，无话不谈。有一次，我偶然读到一段文字，道出了我这个21岁年轻人的内心困惑。那是小说《百年镇》中的一段话："天哪，他居然希望能永远跟这些人一同并马而行……但那怎么可能呢？小路走到头，伙伴们便要四散分离了。"

是的！有些友谊就是短暂的。就如那些结伴放牧的牛仔们一样，他们一同栉风沐雨，一同围着篝火喝咖啡，并马行走几英里，而后各自分手。我和我的大学朋友们在同行的道路上也自然而然走到了尽头，该是各奔东西的时候了。

尽管这道理再浅显不过，可它还是令人深受启发。我曾一度认为这是一种失败——建立一段友谊，只是为了让身体或感情的突然

疏远来毁掉它。当人们一朝分手，天各一方，只能靠电话或书信来
艰难地重复往日的漫长厮守。偶或其中一个有了一个孩子，这一轻
微变化，便把原本象征友谊的双人自行车，变成了一个倾侧的三条
腿的凳子。

其实这并不要紧。因为除了我们内心理想的那种传统而长久的
朋友，生活中还有许多"过路朋友"，就像詹姆斯·米切纳的牛仔伙
伴，共同放牧一段路程，然后各自分手。这些短暂的友谊与其他友
谊同样亲密，同样必要，同样值得珍惜。在那段路程里，如果没有
他们，你就很难生活过来。

（梁庆春　译）

放善良一条生路

　　善良是"生命对生命的同情，多么普遍的品质"，古人也说"恻隐之心，人皆有之"。这就是说，这个世界上，还是好人多、善良多。这是对的，否则，我们还能凭借什么生活在这个世界上，还能够奢望什么美好、诗意和希望？

　　按照哲学的观点，善良是人类全部道德的基础，也是一个人之所以为人的开端。所以说，怀疑一个人的善良，甚至怀疑一群人的善良，不是一个小问题，这关联到很多严肃的东西。也就是说，当我怀疑一个人的善良时，其实是在怀疑对方的道德，质疑他是否具有做人的资格。在没有充分的证据表明我的怀疑正确的前提下，我宁可不怀疑善良，宁可对生活和未来抱有更多的宽容、喜爱和希望。

　　在人类所有的品行中，善良是最顽强、坚韧、勇敢、执著和坦荡无私的。它一定会从头走到尾，因为世界上没有害怕怀疑的善良。善良抵达一个地方的方式，就是阳光清风的方式，而最柔软无形的东西恰恰是最有力、最纯粹的东西。

　　善良其实是一种生命境界，绝非一种行为艺术和谋生的职业。

　　它无关脆弱、懊悔和计较，它隐藏在最深处，弥漫在多数人看不到的地方。它是无数"无名氏"的烟火气息，而不是时尚舞台上的模特气质，更不单单是英雄人物的旷世壮举。它不需要急躁，因为人性的成长速度是缓慢的，所以在科技、经济飞速发展的今天，我们仍需要几百年前甚至几千年前的书籍和音乐来陶冶情操。它在做的时候，也许很少需要画蛇添足地去吵闹和表达，甚至在别人毫无察觉的时候就完成了自己的善行。如果考虑太多，善就不会那么轻、那么快、那么广、那么深。

　　善良其实就是我们的人间烟火，就是普天之下普通人、平凡人的生活方式和生命纽带。未经报道的、不为人知的、没有贴上"好人好事"标签的、没有被树为"典型"乃至英雄的善良，其实多得不用我们去想，也根本不用我们去统计。我们只管去呼吸，去充满希望地生活就好了。

　　"大多数人仍然是善良的"，"应该相信，世上绝大多数人是善良的"，在对善良的怀疑声中，我们还是愿意听到这种更温暖、更鼓舞人心的声音。这是更多人愿意听到的，也是更多人愿意相信的。也许，我们有时会怀疑善良，但这恰恰是怀疑自己和别人还不够善良，还不能对生活和社会树立自始至终的信心。这种怀疑并不是善良本身带来的，而正是我们自己。当然，适当的怀疑可以促进社会群体对善良的关注，有助于唤醒更多人内心的善良。如果能起到这样的作用，无疑，这种质疑是必须的，也是应该做的。可是质疑需要真正的根据，过度的怀疑，不仅不能让人看到更多原本存在的美好，反而还会让自己渐渐离开善良。这是我们不愿看到的结果，相信也是大家不愿看到的结果。

因此，我们在警惕恶人的同时，也要注意发现好人，由此才能逐步打破那种普遍的冷漠，重建一种相互关心和帮助的社会氛围。

（草上飞鸿）

年少情怀总如诗

　　记得那个夏天，风绵软无力，像一只温柔的手，轻轻地抚过来。我像喝醉了酒，有了熏熏欲醉的感觉。

　　他骑着单车驮着我，在马路上飞驰。去哪里已经不记得了，只记得他很兴奋，吹着口哨，是一支很欢快的曲子，用以掩饰他的不安和激动。

　　谁家园子里，蔷薇开得正好，似有似无的香味在空气中弥漫，我想起了一句写蔷薇的诗：因风飞过蔷薇。是了，所有的香味都是因为风这个多情的媒介，所有的渴慕都是因为青春这个多梦的季节。

　　那天，在小城的街头，破天荒看见一个卖花的女孩，一篮子的蔷薇，两毛钱一朵。他跳下单车，在口袋里摸索了半天，摸出四毛，买了两朵。然后很细心地把茎上的刺一根一根剥掉，在笔记本上撕了一页纸，把两朵蔷薇包好，递给我。

　　我在旁边静静地看着他，他的唇边刚刚长出短短的绒毛，呼吸轻浅，极认真地做好这一切。那是我第一次收到花，我拿在手里，放在鼻子下面闻了一下，过于浓郁的甜香，不是我喜欢的类型，可是只因这两朵花是他送的，我的春天便提前到来了，仿佛听到花开的声音。

找了一只小瓶子，盛满水，把两朵花放进去，然后每天趴在桌子上，对着那两朵小小的蔷薇傻乐，仿佛看到他在运动场上矫健的身影。

每天换水，两朵花还是眼瞅着要枯萎了，舍不得它谢，于是把花瓣一瓣一瓣摘下来，夹进日记本里。多年之后，那些花瓣失去水分，把日记本洇出一块渍痕，而那些花瓣，也风干成一缕香魂，带着青春的味道。

其实和他没有过多的言语交流，偶尔的一两句，甚至没有仔细地看过他长什么样，可是却说不清道不明地相互吸引。

一直关注他的一举一动，他的一笑一颦，一举手一投足，凡是有关他的消息，都是我青春日记本里的重要秘密。

像两列并行的火车，几年之后，终于分道而驰，甚至中间没有交集，然后结婚、生子。短裙换成了长裤、长发变成了短发，有了自己的小家。可是心底始终有一块小小的位置，是为他保留的。

多年之后，去异地旅行，没有想到会遇到他。茫茫人海，这样的几率不是很大，我傻傻地看着他，他早已不再是那个挺拔得如同白杨树的少年，而是一个微微有些发福的中年男人。人流之中，我们擦肩而过，他甚至没有认出我，这就是我内心深处一直念念不忘的那个人吗？眼睛没来由地潮湿起来。想起那一年，我在他的单车后座上，他轻轻丢下的一句话：长大了我要娶你。

这一刻，我终于明白，内心深处，一直不能忘记、舍不得忘记的，不是那个人，而是我们无法割舍的青春、无法割舍的情怀，相信他也一样。

年少的情怀，如酒一样醇，如糖一样甜、如咖啡一样绵厚芳香、如诗歌一样浪漫唯美，那些无关柴米、无关风月、至真至纯的年华，是一生中最美的时光。

（积雪草）

一块钱的山楂片

一位中年汉子，因为屡犯胃病，又舍不得去医院，就给自己开了一个药方，吃点健胃消食的山楂片。于是他走进一个小店。但是，当售货员听说他只想买一块钱的山楂片时，立刻以没法卖为由拒绝了他。一个年轻人，在公共汽车上，看到一位老太太被人挤来挤去，就站起来给她让座，但是老太太坚决不坐。年轻人看着自己沾满灰浆的裤腿，明白了是怎么回事儿。他下车了，眼里噙满泪水。

那个买一块钱山楂片的中年汉子，那个让座的年轻人，他们有着相同的名字——农民工。这两个故事不是我的杜撰，而是一位记者深入农民工的身边，亲耳听到他们自己讲述的经历。当我看完这则报道，我的心像被针扎了一样痛。"农民工"这个人们熟知的人群，在高楼林立的工地，在街头巷尾的地摊，他们的生活像他们的名字一样简单而朴实。他们是被忽视的一个群体，同时被忽视的还有他们的人格与尊严。

能够想到，买一块钱山楂片的中年汉子，他当然知道，治疗胃病的最佳药物绝对不是山楂片，他也肯定知道，一块钱的山楂片一定很少。但他更知道，他没有足够的钱走进医院。他能够支配的或者说他舍得支配的只能是这一块钱。他希望的就是用一块钱缓解自己的胃痛，然后再去干活，再去挣钱。然而就这么简单的要求却没有实现。他拿着一块钱没有买来想要的东西。我知道，走出店门的汉子，手心里握着的那一块钱一定重若磐石，重重地压在他的心上。

那位让座的年轻人，他或许文化不高，或许涉世太浅，但让他站起来的是他的社会公德，他懂得尊老爱幼，在这点上他是有教养的。然而，他被伤害了。因为他那沾满泥浆的衣服，因为他不整洁的打扮，他的善良也被某些人给轻贱了。也许这个年轻人的装扮确实和这个城市有些不协调，但是，他的心灵是美丽的，比起那些道貌岸然、外表一尘不染却无视身边需要帮助照顾的老幼之人，他要高尚得多。

一首老歌唱道："只要人人都献出一点爱，世界将变成美好的人间"。献出一点爱，人人都能做到，看看人们如何对自己的儿女、对自己的亲人。但是仅有那样的爱是不够的，对社会、对与你不相干的人献出一点爱，这样世界才会变成美好的人间。而农民工，他们要的只是理解，只要人人都献出一点点理解。理解他们有些小气了的仔细、理解他们无暇整理的邋遢、理解他们有些惊愕的茫然，理解他们不得已的懦弱，理解他们一样有对美好的向往。是他们付出劳动才有了我们周围的日新月异。他们的劳动，他们的生存方式，他们力所能及范围内的善举，同样值得我们尊重。

（梁世龙）

最好爱情

她知道，他爱她。

尽管他从没有向她表白过一句，大学同窗四年，每次遇到时，他那慌张的眼神，骤然涨红的脸颊，都在传达着一个信息。大学毕业后，她回到北方家乡小城，他拒绝了江南家乡父母安排好的工作，求职她生活的小城……她知道，他爱着她。她对他虽然也有好感，但她无法回应爱给他，不是因为他不够优秀，是因为她已经有了心上人。她和心上人虽然两地相隔，但心上人的玫瑰每天都会准时敲开她宿舍的门，而心上人一定让她做世界上最幸福新娘的誓言也总是如影随形。她的心完全沉醉在和心上人的爱情之中，她觉得，心上人给予她的是世界上最完美的爱情。

偶尔想到暗恋着自己的他，她就会宽慰地告诉自己，他会和其他追求者一样，或早或晚，总会在她和她心上人完美的爱情前消退。然而，一个又一个爱慕者、追求者相继偃旗息鼓，他却仍旧不温不火、不声不响地走在她的身边。她提醒他应该考虑自己的终身大事了，他则淡淡地一笑，表示他崇尚单身生活。

他就那么静静地走在她身边，她随时触目可及，但又隔着她的爱情和生活。

终于，她和心上人开始商谈婚期了，灾难却突然而至。在一次车祸中，她成了一个高位截瘫的病人，除了说话正常之外，她连抬一抬手都需要有人协助，更不要说站、坐、翻身、大小便。心上人背着她跑遍了国内各大医院，但得到的答复基本一样——她一生怕都只能躺在床上了。她被心上人背回家中。家依旧，闺床依旧，窗口里的垂柳依旧，玫瑰却凋谢了，她的生活和人生都改变了。心上人绝情地离去，朋友也纷纷陌路……生活从缤纷跌进黑暗。泪水一日一日、一夜一夜地流，父母的叹息声一日一日、一夜一夜地砸在她的心上。她想到了死，但是，泥一般瘫在床上的她连自杀的能力此时都不具备。

日子一天一天地过去，她一天一天地枯干。

他却比从前更加频繁地出现在她面前。他每次来，淡淡地和她聊天，帮她活动四肢，喂她喝水吃饭。她的父母说他是一个好小伙子，她则冷冷地数着他多少天之后消失踪影。一个月过去了，他没有消失；两个月过去了，他没有消失；半年过去了，他还没有消失。而她，除了两只胳膊能稍稍抬起一些，一切依旧。她的父母为筹集给她治疗的钱，不得不把房子卖掉了。她的病像一口吞钱的井，很快就把卖房款吞没了。这时，他悄悄地塞给她父母5万元钱，那是他大学毕业三年来的所有积蓄。

她告诉他，她已经是废人了，他这样做不值得。他回应她，仍旧声音淡淡静静："如果你想让我这么做值得，就好好地活下去。生活可以抛弃我们，我们不能抛弃自己。"她苦苦地一笑，说道："死亡才是我的解脱，你又何苦如此。"

　　江水空流花空开。

　　那之后，他来看她的次数少了，但每个星期都会来一次，每次都会交给她父母近2000元钱。她的父母告诉她，他辞掉了工作，专门去做高楼户外墙体粉刷工作，那是一种只依靠一根绳子系着身体，整个人悬在高空中的工作，因为危险性太大，很少有人肯做，薪水自然也相对高一些，每天12个小时350元。

　　穿透硬石的不是锋锐的箭矢，是一滴一滴日夜不停滴落的水滴。

　　她那颗自认已经僵木的心，突然疼起来，隐隐地，绵绵不停。眼前的黑幕被撕开一条细细的裂缝，有阳光射进来。她暗暗庆幸，灾难让她看到爱情的深处。她开始渴望能见到他，开始担心他的安全，开始渴望自己能站起来……

　　每天都有花儿凋谢，每天也都有种子发芽。奇迹是在她出车祸两年半之后，她奇迹般地站了起来。不久前，已经恢复如初的她披着洁白的婚纱，和他携手走进了婚姻的殿堂。作为他们的邻居，我送上了我的诚挚祝福。因为他和她的爱情让我懂得，最好的爱情未必最完美，未必光彩夺目、惊天动地，但一定有着不舍不弃的温暖。

（澜涛）

非陌生的路人甲

　　第一次见到她那年，是他特地绕道去看她的。那年，她只有十二岁，青涩稚嫩，头发发黄，皮肤微黑，一点少女的清新俏丽都没有。整张脸上，只有一双大眼睛，生动明亮，熠熠生辉。这双眼睛，给他留下了深刻的印象。

　　校长把她领进门的时候，他正在斟酌如何与女孩交流，不能以居高临下的口吻，那样可能会伤了女孩的自尊心，也不能以朋友那样熟络的口吻，尽管他资助她上学已经一年多了。

　　其实他所有的担心都是多余的，因为不管他说什么，女孩始终都不曾开口回应，躲在角落里，像猫一样，目光淡然地看着他。他被她看得手足无措，把买给她的礼物匆忙交给她，便落荒而逃。出了那个光秃秃的小镇，他长舒了一口气。

　　回到城里以后，他陆续收到女孩的信，那些信纸都是从横格本上撕下来的劣质纸张，写满了一行行清秀隽永的小楷，行文漂亮，想不到小丫头很有内秀，满腹文才，这更坚定了他资助她上学的决心。

第二次见到她，是她来找他。那年，她18岁，考上了他的母校。他看到她的第一眼，她不再是营养不良的丑小鸭，而像一朵白玉兰，清新秀雅，伴着淡淡的馨香。他不由得感叹，时光真是一双神奇的手。

她的性格改变了很多，主动叫他哥，亲切自然，她说："哥，以后我不再接受你的资助，我会勤工俭学。"

女孩的话让他很震撼，她长大了，而且有了思考能力和独立思想，他不由得对她刮目相看。但他还是说："你还在念书，不要操心经济上的事，专心学业，将来会有出息的。"

他开始有点喜欢上这个自尊自爱的女孩，每个月末去学校看她，给她送去生活用品和学习用品，她拒绝他经济上的资助，他只能换成物质方式的后援。女孩对他产生了深深的依赖，生病的时候会叫他照顾，找工作的时候会找他参谋，想家的时候会去他那里蹭饭。他有了女朋友，她主动要求把关，可是每一次，她都撅着嘴说，那女孩不适合你。她25岁那年，他已经35岁了，她没有男朋友，他也没有合适的女朋友，两个人独立在时光里。

一个雨后的黄昏，女孩做了一个噩梦，起来之后，依然惊魂未定，慌恐无助，胡乱披了件外套，跌跌撞撞地跑去找他："哥，你娶了我吧！好不好？"

他慌忙把她往门外推："你喝醉了？"女孩哭着跑了。他一屁股跌坐在沙发里，一夜无眠。

一年之后，女孩嫁给了一个大她三岁的男孩，男孩青春健康阳光，他很满意，他以大哥的身份亲手为她披上了美丽的婚纱，轻如羽翼的婚纱把她衬得如百合花一样美丽，她隐忍心底多时的话终于冲口而出："哥，你为什么不喜欢我？"他摇了摇头说："不是我不喜欢你，你用婚姻这种方式完成报恩的理想，实在有点不明智。"

女孩的泪顺着脸颊滚落："我是真心爱你的，不是报恩，你怎么这么傻啊！"

他忽然觉得眼前一黑，心痛难抑，以为自己世事洞明，想不到却被自己的聪明，生生地耽误了一段美丽的姻缘，他强颜欢笑："看来你只能把哥当成路人甲！"女孩子哽咽："那你也是我生命中最亲最亲的路人甲。"

是啊，有缘无分，非陌生的路人甲！

（积雪草）

良心生死接力

2010年2月9日，农历腊月二十六，河南境内高速公路因路面积雪导致了车祸的发生。在车祸现场，闻讯赶来的孙东林找到了一起遇难的哥嫂还有三个孩子。

他怎么也不敢相信直挺挺地躺在那里的五个人就是自己的亲人，他心痛地躺在雪地里半天缓不过劲儿来。

从车箱里找到被保存完好的26万元现金时，他更是忍不住失声痛哭：都是这26万元钱惹的祸呀，这场车祸原本是可以避免的。原来，哥哥说要第二天早晨再从天津返回武汉。可当他听天气预报说天津到武汉的高速公路的部分地区将有暴风雪时，他便决定立刻返程。孙水林说，得赶紧回家，明天大雪封路就回不了家了。他们还有一部分工人的工资没有发放完，大年三十差工人的钱不合适。没想到这一走，竟成了兄弟俩的永别。

孙东林和孙水林兄弟二人出生在湖北武汉一个普通的农民家庭，一直从事建筑工程的工作。

2010年2月9日，孙水林因为在北京催的款额太少，就去天津找弟弟孙东林借钱，只为了给跟着他做工的那些农民工发工资。按照往年的习惯，年三十前农民工兄弟都会到武汉的孙水林家中领一年的工钱。从1989年在外承包工程开始，无论遇到多大的困难，他们都一直遵守着这个不成文的约定。

其实这不是约定，是兄弟俩在自己心上铭刻下的诺言。他们以前给别人打工时，经常要忍受老板毫无理由地克扣和拖欠工资。那时候孙水林就对弟弟孙东林说：等我们当了老板，一定不要欠农民工一分钱。一诺值千金，虽然没有明文规定，但是有兄弟俩的良心作证。

26万元现金承载的是哥哥沉甸甸的诚信。孙东林擦干眼泪，星夜踏上哥哥还没有走完的诚信之旅。

因为哥哥的账单在车祸中找不到了，没有任何依据，孙东林最后决定让工人凭良心报，报多少他就发多少。26万元现金很快发完了，但是还有一些农民工没有领到工资。孙东林拿出自己6万多元的积蓄，忍受丧子之痛的母亲也拿出了自己1万元的养老钱。到腊月二十九晚八点，农民工的工钱全部发放完毕。

孙东林说，农民真正苦啊，他们外出打工挣钱，不是去逍遥、买奢侈品，而是为了养家糊口、孝敬父母、过日子啊。人家辛辛苦苦一年了，不能让人家过不去年，做人做事都要凭良心。

朴实的话语饱含弟弟孙东林诚挚的情感。在痛失亲人的巨大悲痛下，孙东林一家仍然惦记着那些还没有拿到工钱的农民工，还在惦记着让那些农民工过个好年。为了将工钱送到农民工的手中，哥哥孙水林付出了生命的代价；而弟弟更是星夜踏上了诚信之路，要把这份承诺进行到底。这份沉甸甸的坚持与诚信，铺就了这一场良心生死接力。

（凌苏郁）

相信爱情

这是一对非常平常的夫妻，经历的故事却极不平常。

地震来临时，妻子在厨房里煮豆浆，丈夫在客厅里看电视。房子突然摇晃一下，丈夫和妻子便一齐愣住。房子再一次摇动，锅碗瓢盆哗啦啦响，他们便知道，地震了。

地震了！丈夫从沙发上一跃而起，开门，冲下楼。他是一个人冲下楼的，那时候，他全然不顾还在为他煮豆浆的妻子。妻子倒是镇定，先扶住墙，然后跌跌撞撞冲进卧室——卧室里有他们的银行卡，那是他们生活的保障。房子摇晃得更加厉害，站立不稳并且恐惧万分的妻子，只好钻到床底。

丈夫是这时候再一次冲进屋子的。他呼喊着妻子的名字，将她从床底拽出，牵着妻子的手跑下楼，跑到小区的健身场上。那里聚集了很多人，地震让他们猝不及防，万幸的是，只是个较小的地震，没有人因此送命或者受伤。

事后，丈夫一次又一次回忆地震到来时的情景，为自己的行为深深自责。在朋友面前，他捶胸顿足地说，难道我是胆小鬼吗？难道我不爱我的妻子了吗？那时候，我竟然只顾一个人逃命。

似乎，他的确犯下一个不可饶恕的过错。当灾难来临，只顾独自逃命的男人是可耻的。何况他丢下的是他的发妻。何况他的妻子，近在咫尺。

这是一件足以让两个人分手的事情。

但我知道，现在，他们仍然生活得很好。

他的妻子说："当遇到危险，逃离是人的本能。那时候，他恐惧到极点，恐惧到只剩下逃跑的本能……"

"可是他丢下了你……"

"本能是没有逻辑的，更容不得琢磨，这与爱情无关。"她说："是我们很多时候把爱情复杂化了，我相信我的丈夫仍然爱我。"

"因为他第二次回来？"

"是这样。"她说，"他本来已经逃离了危险，那时候，他很安全。可是他仍然选择了回来，房子摇晃得厉害，他知道后果……"

其实，不管他的妻子如何为他开脱，我相信，当丈夫从她身边逃离的那一刻，她肯定会感到痛苦，感到孤独，甚至，感到绝望。可是她仍然能够原谅他，理解他，仍然能够像以前那样生活，仍然像以前那样爱他，我想，这就是这位妻子的宽容之处和博大之处吧。

也许正像她说的那样，本能与爱情无关，冷静之后的同甘共苦、同生共死，才是人世间最真挚的爱情吧。

（周海亮）

善良即是天堂

　　洁白的哈达、高扬的经幡、林立的玛尼堆、佛塔下的经轮、神秘的天葬，还有那些不远千里磕着长头、用胸膛丈量信仰的民众……当我行进在广袤的青藏高原，内心有一种从未有过的惊奇与震撼。

　　这里的天湛蓝无比，这里的云洁白如洗，这里的水自然纯净，这里的人天真无邪，这里的生活近乎原始。无垠的草原之上，没有高楼大厦，没有交通拥堵，没有汽笛轰鸣，没有世俗喧嚣，有的只是亘古悠远的风和天高云淡，有的只是闲庭信步和淡定从容。

　　在一片片翠绿的草场之上，在一汪汪明镜湖畔，在一户户藏民的帐篷里，在一条条羊肠小路旁，我时时会看到这样的场景：迎着初升的朝阳，一个藏族汉子神采飞扬地骑着高头大马，悠然地扬起皮鞭，一声清脆的响声过后，纵马驰骋而去。落日映照的黄昏之下，一位头裹艳丽沙巾的年轻母亲，手牵一个顽皮跳跃的孩子，迈着轻快的步伐从容回家。而在每个这样的家庭里，通常会有一对老者在帐篷里煮羊肉、挤牛奶，不久就会散发出一股浓烈的香味，瞬间氤氲于整个草原。

这里的衣着、饮食、出行，都是那样的近乎原始与本真，始终保持着那么一种奇特和神秘。我想，正是这种原始与本真、奇特与神秘，吸引着成千上万的人们纷至沓来，接受灵魂的叩问与洗礼。每每感念于此，我的脑海就会跳出这样一个词——天堂。

　　在我没到青藏高原之前，从未有过这样的想法与定义。此刻，我却陷入深深的思考：究竟什么是天堂？世间到底有没有天堂？我在书桌上铺开一张空白的纸，一遍遍地写下"天堂"两个字，试图通过一个个关于青藏高原和天堂的符号，解读它所蕴涵的图腾与涵义。

　　我想，既然汉字是象形演化的艺术，老祖宗向来讲究字形字意，我就从这里入手吧。"天"，可以分解为"一"和"大"，是否寓意着唯一的至高远大之境界？当然，"天"，亦可以分解成"二"和"人"，这是否寓意着人们上天的不二法门呢？那么再看第二个字"堂"，上面是一个宝盖儿，下面是一个"口"和"土"，是否可以这样解读：宝盖儿寓意着神灵宝塔，"口"是人口的意思，"土"则代表着大地。综合而言，天堂，意为凡间人们进入的天之神灵宝塔，即栖息安放人们的梦想之塔、精神之地、灵魂之所，是人们内心世界至真至纯、至高无上的圣洁殿堂，是人们最为敬仰最为崇拜最为向往的吉祥福地。它好像并不存在，也似乎遥不可及，却又在生命的某个时刻向你招手示意。

　　我想，雪域高原上之所以处处遍布着那些哈达、经幡、佛塔、经轮，绝不是一种偶然现象，而是藏民的先祖的生命体察与人生智慧使然，是告诉人们必须要有所信仰与敬畏，必须学会低头与思考，懂得感恩与回报。冥冥之中，我似乎找到了这样的答案：世间没有天堂，世间处处天堂；人人远离天堂，人人可入天堂。在这个天堂里，没有私欲、恶念与欺诈，没有污染、破坏与侵占，更没有仇恨、争斗与杀戮，有的只是包容、善念与感恩，有的只是友好、真诚与圣洁，有的只是和平、安宁与幸福……

（孙华伟）

爱的智慧和勇气

一盆养了八年的滴水观音，终于开花了。她兴奋地对着电话喊，八年啊，等得我心都荒凉了，它终于开花了，简直太神奇了。下了班，你直接过来看，否则错过花期你肯定会后悔的……

她的分贝很高，他拿着手机，一直沉默着，直到她啰唆完了才有些犹豫地说，我们分手吧！她似乎没有听清，问他，你说什么？

他被逼得没有退路，于是很肯定地说，我们分手吧！长久的沉默之后，她说，好吧！不过我有一个条件，你把女孩带来见我。她能过得了我这一关，我就把你移交到她手上。他迟疑地问，你想干什么？她笑，声音有些哑，我不会难为她的。

那天，她一直盯着那盆滴水观音发呆，碧绿的扇形叶片，水汽渐渐汇拢到叶尖，凝聚成一滴晶莹剔透的水珠，慢慢滴落下来，像一个人的叹息，更像一滴泪。一时间，她感慨万千。

在纵横阡陌的街上，她找到了那间茶吧。他和女孩已经先到了，女孩很安静、很纯粹，简直就是她的翻版，和她的想象出入很大。她以为，女孩一定是很时尚、很潮流的那种新新人类，有鲜艳的头

发，很深的眼线，夸张的唇形，穿及膝长靴的那种。可是女孩不是，
素洁、雅淡，坐在那里，双腿并拢，双手交叉放在膝上。

她对女孩生出好感，走过去，坐在她身边，淡淡地问，你喜欢
他什么？女孩大概没有想到她会这么直接，迟疑了一下说，他人好、
诚实，会疼人。她又问，你们认识多久？女孩想了想说，三个月。

她摇摇头，笑了，说，我知道你是好人家的女儿，不是出来玩
儿的那种，从你的坐姿和说话的语调就能看出来。我跟你讲讲他的
故事，如果你能接受，我愿意成全你。

女孩不置可否。她喝了一口茶，说，我和他认识整整八年，从
大二的时候起，一直到今天。那天，我从学校附近的早市上，买了
一株滴水观音的幼苗，小小的叶片还没有舒展开，但碧绿可爱，
我像捡到宝贝一样抱着回宿舍。在学校拐角的地方，他不知从哪
里冒出来，把我怀里的花盆碰落到地上，花盆碎了，花儿却依旧完
好无损。他知道闯了祸，跑去街上，买了一个花盆，把滴水观音移了
进去。

从那时候起，一直到今天，那盆滴水观音一直养在我手里，整
整八年，从没有开过花儿。就像我和他的感情，经历过很多风风雨
雨，却一直没有修成正果。

五年前，一个学妹喜欢上他，给他写灼热的诗，跟他说滚烫的
情话。他迷失了自己，跌了进去。可是毕业时，学妹跟着另外一个
男生出国了，连句再见都没有跟他说。他心疼成伤，一个星期粒米

未进。

三年前，他去丽江出差，邂逅了一段浪漫的情缘。本来这种感情就是因境生景，因景生情，可是他又一次栽了进去。出差归来，各就本位，那个浪漫情缘的女主角再也没有理会过他，他却因此消沉了很长一段时间。

一年前，他们部门的一个女孩喜欢上他，送他礼物，请他喝茶，好像还一起去看了一次电影，他又一次倾出自己的感情。可惜女孩为了升职，只是借他当跳板，并不是真心爱他。可是，他却因此几乎看破红尘，拖着我去寺庙吃素修心。

她看着女孩，用十二万分真诚的语气说，这样一个男人，如果你有足够的心理承受能力和安全感以及一颗包容的心，能够看到他的另外一面的好，我愿意成全你。

女孩一语未发，对她点了点头，仓皇而逃。他没有去追女孩，反而起身捉住了她的手，有些吃惊地问，这些你是怎么知道的？你一直都知道？她点点头。

因为爱，所以她一直很敏感，一直知道他在左右摇摆，在游移不定。每一次，他在她这儿疗伤的时候，她的心都很疼。可是她知道，每一个男孩长成男人，都需要时间和过程。她一直在等他长大，等他长成男人，等他具备男人的责任感。

他拉着她的手说，去你家吧！那盆滴水观音一定是全部盛开了，我要用照相机拍下来，见证滴水观音全盛的花期。据说花儿谢了，会结出一串红艳艳的果实，是真的吗？

　　一起走在街上，灼灼白日，滚滚红尘，人流如织。她心回九转，眼中有泪，想起滴水观音，每一片叶尖滴下来的水滴，该凝聚了多少智慧和勇气？原来，在两个人的感情中，光有爱是不够的。只有爱，便像色彩单一的一幅画，虽纯粹，但却单调、乏味。要添上其他的颜色，这爱，才能长久、时时有新。就像她，经营着、修补着，不断充实着他们的爱。所以，她才能最终等到滴水观音花开的那一刻。

（王晓宇）

天若有情天亦老

　　那年，她和他遭遇了四年的牢狱之灾。出狱后，尘埃遍布的家，还未收拾干净；身心的创伤，尚待修复，又传来儿子身亡的消息。夜静更深，她倚在书房的窗前，无声落泪。他陪在她身旁。他知道这些苦难，原不该她承受，只因他。他深深地愧疚，上前紧紧地抱着她，嗫嚅道："对不起，对不起，让你受苦了。"她仰起泪湿的脸，轻轻地说："不，不要这样说，我是来爱你的，不是来享受的。"他顿时泪流满面。

　　当初，她痛别心爱的家人，辜负痛哭流涕的母亲，漂洋过海，追随着他来到战乱中的中国，只是因为爱他。爱他，就要与他荣辱与共，生死相随。

　　墙上，还挂着她和他的结婚照。她穿着白底碎花短袖旗袍，低矮的立领，菊花盘扣，英伦文化下的俏皮轻盈，似乎都被收敛在那立领盘扣里。她笑意盈盈，眼中有晶亮的幸福，心甘情愿地被收服。身边的他，从小叛逆，留洋多年，单眼皮，月牙眼，淡淡的笑意，憨憨的神态，满带宠溺的包容。

　　爱情，从不是无缘无故，冥冥中早有伏笔。她是英国传教士的女儿，在中国出生，并度过懵懂清澈的童年，天坛、四合院、红灯笼那些中国元素，在她的心灵上打上无法磨灭的烙印。在第一次的法国文学课上，坐在前排的黑头发黄皮肤的男子，让她频频走神。课后，她不由自主地走过去，向他伸出纤纤细手："你好！我是格莱迪丝，你是中国人？"看到他点头后，她兴奋地大叫了一声："Mygod！"引得教室里笑声一片，而他的脸，如染胭脂。潇洒率性的他，被这英国女孩可爱大方的举止窘住了。

　　他自小聪慧，二十一岁那年，以优异成绩考上了牛津大学莫顿学院。进入牛津第二年，抗战全面爆发，他发表慷慨激昂的抗战演说，担任"中国协会"会长，在当时的牛津，杨宪益的名字，代表的是爱国，他等着学成回国报效多灾多难的祖国。上苍却意外地安排了他们相遇。

　　课堂上邂逅杨宪益后，一种微妙的情愫在格莱迪丝心中柔软地荡漾开来。他精通中国古典文学，颇具魏晋遗风，她爱上了流淌在他身上的汉民族文化。她邀他一起泡图书馆，一起去泰晤士河划船，他们一起朗读雪莱的《云雀颂》，翻译古希腊女诗人萨福的诗，她拉他一起加入校划船俱乐部，参加对剑桥大学一年一度的比赛。

　　格莱迪丝的示爱，杨宪益开始还有意躲避。但格莱迪丝单纯直率、清新脱俗，完全没有英国上流社会女孩的虚荣与势利。她的出现，如一道雨后彩虹，划过他的情感世界。她明眸闪亮处那份毫不掩饰的情感诉求，渐渐地，攻陷他的心防。他们双双坠入爱河。这对金发碧眼的女孩和黑发黄肤的男生，情意绵绵依偎漫步，成了当年牛津校园里最浪漫的风景。他俩的定情物也别具一格：他们约定，一起将屈原的《离骚》译成英文。静静流淌的泰晤士河，记录着他们的爱情。

他即将学成回国，她要追随前往。她的母亲震惊不已，强烈反对。母亲是传统的英国主妇，在中国传教数十年，她清楚中英文化的差异，了解婚姻观念、家庭伦理方面的反差。她怎能让独立、率性的女儿，去过"三从四德"的生活。一天晚上，母亲苦口婆心，好言规劝无效后，痛心疾首对她说："如果你嫁给一个中国人，将来肯定会后悔的。要是你有了孩子，他会自杀的！"但格莱迪丝毫不犹豫地选择了爱情，她更相信：精神和谐，婚姻就能美满。

在天津的杨家人听说杨宪益要带一个英国姑娘回来结婚，立刻乱成一团，他的母亲哭得死去活来，病倒了。那个时代，中国人和外国人生出的孩子，是杂种人，会受到排挤歧视的。

但这些都没能阻止两个人爱情的忠贞。她跟着他回到战火纷飞的中国，她并将自己的名字改为戴乃迭，两个人开始了新生活。结婚那天，她身穿绣满龙凤花纹的短袖丝质旗袍，笑语盈盈。洋溢在幸福中的戴乃迭完全忘记了母亲的警告，从此，她和杨宪益的命运与中国紧紧联系在一起。

婚后，他们过的是最纯正的学者生活。广阔的天地里，只有他和她的呐喊，夫妻怡怡，联袂将中国文学作品译成英文，从先秦散文到中国古典小说，从《魏晋南北朝小说选》到全本《红楼梦》，他们英译的《红楼梦》迄今还是最好的版本。戴乃迭不习惯抛头露面，她不在书房，就在厨房，只愿平静地与丈夫待在一起，痴心于中国古典文学的翻译，在精神的满足中愉快行走。她还练了一手正楷小字，能仿《唐人说荟》，用文言写小故事，文笔清丽，文字娟秀。

出狱后，她和他看淡一切身外之物，把收藏的明清字画全部无偿捐献给故宫，几十年间出版的百十种著作也大多送人。亲朋聊天，一谈到戴乃迭，杨宪益总是心疼地说，要不嫁给他，她的人生就像英国文学作品里描述的那样：坐在阿拉伯风情的垫子上，给裙子缀上蕾丝花边，吃草莓，品糖果，喝下午茶，英国中产阶级家庭沙龙上有修养而不失风情的少妇。戴乃迭虽保留英国国籍，但自从跟随杨宪益来中国后，她一直到终老，只回英国探过一次亲，她从没想过离开中国。

岁月无声流逝，她的金发变成银丝。二十世纪九十年代后期，戴乃迭患老年痴呆。杨宪益立即停下手头的翻译工作，谢绝一切活动，寸步不离地照顾她。每顿饭，他都亲手喂她，给她围上餐巾，连哄带劝地喂她吃饭。那双文学的手，照顾起她来，一样是温情脉脉的锦绣文章。

一个秋天的午后，戴乃迭平静地走了。携手走过一个甲子，她将曾经的眼泪与欢笑，散落在他生命的每个角落里，她的美丽沉淀

在他的灵魂里。他很遗憾"自己没能和她一起走",愧疚地写下一首催人泪下的缅怀诗:

早期比翼赴幽冥,不料中途失健翎。

结发糟糠贫贱惯,陷身囹圄死生轻。

青春作伴多成鬼,白首同归我负卿。

天若有情天亦老,从来银汉隔双星。

她走后,他的生命仿佛凝固了。撒完爱妻的骨灰后,杨宪益彻底封笔,翻译工作停止,"熊猫丛书"停版,《中国文学》杂志停刊,至今,中国再没类似的丛书和杂志出现。

北京什刹海小金丝胡同的一所古旧的四合院里,他孤身独住,如倦归的鸟儿,满身满眼都是无枝可依的凄凉。家中摆着他们的结婚照,卧室挂着戴乃迭晚年的肖像,画上有郁风的题字:"金头发变银白了,可金子的心是不会变的"。他每天一包烟,与画像朝夕相对,从暗到明,从明到暗,直至生命终结。

(施立松)

高扬人格的气质

　　有这样一则笑话，说的是一场大雪过后，天气特别寒冷，小长工只披了一张破羊皮，在财主的院子里扫雪。财主少爷阴阳怪气地在一旁说："穷小子，你身上怎么披了一张兽皮？"听罢此话，小长工非常气愤，当即应答："大少爷，你身上怎么会披了一张人皮呢？"

　　看到此处，不禁为小长工的聪明、机智而叫好，再细细品味，更觉出小长工的高尚、可爱，因为他人穷气不短，不惧恶势力；坚定地捍卫人格的尊严，不容伤害。

　　那么何谓"人格"呢？法律学、心理学、伦理学都有自己的解释。法律上的人格指作为权利义务主体的资格。心理学上的人格指人的性格、品质、能力等特征的总和，与个性基本相同。伦理学上的人格是指道德主体品格的总和，是个人在社会生活中的地位和作用的统一。尽管从不同的角度对人格有不同的解释，但其基本点也就是核心内容是很清楚的，那就是指做人的资格和个人的品格，它是在一定的社会生活中形成的。

　　一般意义上的人格内涵主要还是指一个人的道德品质及道德行

为。它渗透在人的全部言行之中，覆盖于人的活动的多个层面。也就是说，一个人，他爱什么，恨什么，追求什么，厌弃什么；怎样律己，怎样待人，怎样工作，怎样生活，胜利时应有什么样的情感，挫折时应有什么样的态度，成功时应有什么样的心境，危难时应有什么样的原则，时时处处都可显现人格的影子，露出人格的端倪。

人格既然是一种内在精神的外现，正如山势有高下、小溪有急缓一样，也是有高下尊卑之分的。高尚的人格，可辉日月，令人景仰，名彪青史，卑下的人格，如同粪便，令人不齿，遗臭万年。

在社会交往中，人格对于一个人来说，犹如生命一般宝贵，头脑一般重要，从来都是高于一切的。所以捍卫人格的尊严，保护人格的独立和完整也从来都是为人之道的至关紧要之处。而在对敌斗争中，人格的至高处便是气节，它所体现的精神意志已不单纯是某个人的，而是代表了一个群体或一个阶级。"名节重泰山，利欲轻鸿毛"，人们把它看得比生命还要重，因此"富贵不能淫，贫贱不能移，威武不能屈"、"临大节而不可夺"都是做人的基本原则，而苏武使不辱节，文天祥舍身取义，刘胡兰从容殉难，夏明翰刑场高歌都是流芳千古的绝唱、教人立身做事的典范。对于一个国家来说，民众的人格也就是国格，在国际交往中不使人格受辱，也就是保护国家的尊严。

人格既然是如此重要，那对于一个人来说，确实应认真地培养、确立和优化，努力使自己的人格更纯正、更完美。

实践证明，人格形成的最重要的客观条件是社会。在阶级严重对立，斗争十分激烈的时代，人格从来依附于政治。统治者绝不允许被统治者与他平起平坐，他是天经地义的尊贵，民众是理所当然的卑下，从没有人格上的平等。而在人民当家作主的时代，人人享有主人的地位，因此，人格上的平等是其特有的光彩。也只有在平等、自由、幸福的前提下，人格的完善才有可能实现。

但在同等条件之下，每个人的人格表现并不一样，这又说明了人格形成的另一个重要条件，那便是个人的修养不同。几千年的传统文化说明，修身养性对于一个人人格的形成和完善是至关重要的。所谓"存亡祸福，其要在身"、"善养浩然之气"，只有"修身"，才能"治国"、"平天下"，讲的都是这个道理。当然，修身，绝不是一种单纯的外在修饰，而更是内心的匡正，"欲修其身者，先正其心"。

正其心，要首先抓住道德修养这个重要的关节点，它是人格形成的关键因素，人格结构中的核心要素。古人云："一德立而百善从之"，"人之生也，无德以表俗，无功以及物，于禽兽草木之不若也。"这就是说，道德修养是本，只要抓住了它，其他就随之而立了。

立德，要注意把握原则和标准。世界之大，无所不有，人众之多，千差万别。一个人要想立德修身，究竟依据什么样的尺度？这是非常重要的。这要从时代需要出发，站在社会主义精神文明建设的高度，广泛汲取光辉灿烂的传统文化营养。应该说，自古以来，我们的先人们为此做了不懈地探求与实践，结下了非常璀璨的果实，夯实了攀登崇高人格的根基。自古人们所崇尚的以"万事莫贵于义"为核心的做人准则，诸如嫉恶从善、公正无私、正气浩然、与人为善、诚实守信、重义轻利、洁身自爱、忧国爱民等，都是道德修养中的闪光之处，是我们应该仿效的。而那些口碑如山的英雄豪杰、志士仁人更是学习的榜样，为人的楷模。

加强修养，还要注意在实践中多加磨练。社会是优化人格的熔炉，人只有在这特殊火焰的炙烤中，才能将人格冶炼得更纯美。实践已经证明，有时逆境对于一个人的成长更有促进作用。所谓"宝剑锋从磨砺出，梅花香自苦寒来"，以及孟子所说的"苦其心志，劳其筋骨，饿其体肤，空乏其身，行拂乱其所为"，都是这个道理。

加强修养还有一个重要的内动力，那就是自尊自重，自己应该知道爱惜保护自己。

首先要严于律己，自觉用道德规范约束自己，非善莫为，非礼莫做。严于律己最大者莫过于制欲了。欲是人的一种生理本能，但个人欲望大了、多了，超过了限度，就难免贪婪、放纵而不知自控，便会走向邪恶。有不少人正是由此走向名败身亡的。其次是自省自察，"吾日三省吾身"，"见贤思齐焉，见不贤而内自省也"。严于解剖，时时警示自己，对不足的地方加以改进，自我教育，自我鞭策，以达自我提高、自我完善的目的。

自尊自重的最大忌讳是自卑、自己看不起自己。鲁迅先生的一篇最有影响的小说《阿Q正传》描写的就是这种深重如毁的通病。自卑必然便失去自尊，而失去自尊，人格便如脚下的球，随便让人踢起。

可见，人格在时时昭示一个人的精神风貌，显现一个人的道德水准，其实它就是一个人灵魂的旗帜。扛起这面大旗，标志着的是一个人的人格、乃至民族与国家的尊严完整，它不容亵渎，不容侵犯，神圣而又伟大。

那么，就高扬我们人格的旗帜吧！

（蓝春雨）

迫不及待开放的市棉花

　　下了大雪的周末，我开始想念自己的朋友，如果来一个陪我聊聊天该有多好。想到自己空旷的人生，接触到的人越来越多，能在一起说心里话的人却越来越少。人和人的心之间像阻隔了一堵墙，连风都吹不过。如果来两个陪我喝点儿酒该有多好。酒局很多，几乎塞满了整个生活。喝的也都是好酒，可就是品不出滋味来。如果让我选择，我宁愿喝着老白干、二锅头，和朋友推心置腹，彻夜长谈。如果有三个凑一局打打牌该有多好。经历了人生各种各样的游戏，我们需要太多的心计，需要提防太多的陷阱。最单纯、胸无城府的游戏还是和朋友在一起下棋、摔扑克。

　　仿佛心有灵犀一般，朋友们的电话陆续打过来，一个说闲着没事，要过来坐会儿；一个说要喝两盅，问我需要什么，他顺道在熟食店带点儿过来；一个说手痒，要打几手牌。不一会儿，哥儿几个就聚齐了，摔起了扑克，谁输了谁顶枕头，这是我们坚持了二十多年的游戏规则，一直没有改变。我没有想到这幸福来得如此迅疾，让我一时之间有些手足无措。这几个哥们儿混得都比我好，是一帮已经出人头地的达官显贵，假日里没有去做按摩，没有去打高尔夫，却来到我这个简陋的家，吃我做的猪肉炖粉条、凉拌拉皮儿，喝我买来的廉价啤酒，我幸福得快要流出了泪水。

打扫着杯盘狼藉的桌子和满地的烟头，我的幸福仍在沸腾着。

我想我的幸福也和窗外的雪花是一样的吧，轻盈地飘来，带给我短暂而琐碎的快乐，然后便慢慢融化，融化进心的土壤，让那里长出一些叫做热爱或者感动的植物来。瞧哇，那些雪花，哪怕仅仅是一阵微风也可以将它们送到快乐的巅峰，它们旋着舞蹈的身子，恣意飘扬，一片片花瓣就那样在大地上慢慢地织啊、织啊，织着一张巨大的幸福的白色地毯。

白色地毯的那边，是并不遥远的春天。我仿佛已经嗅到她的呼吸。

龙应台说，那幸福就是：头发白了，背已驼了，用放大镜艰辛读报的人，还能自己走到街角买两副烧饼油条叫你起床。幸福就是：平常没空见面的人，一接到你的午夜仓皇的电话，什么都不问，人已经出现在你的门口，带来一个手电筒。幸福就是：在一个寻寻常常的下午，和你同在一个城市的人打来电话平淡地问道："我们正要去买菜，要不要帮你带鸡蛋牛奶？你的冰箱空了吗？"幸福就是：你仍旧能看见，在长途巴士站的长凳上，一个婴儿抱着奶瓶用力吸吮，眼睛闭着，睫毛长长地翘起。幸福就是：十五岁的少年正在长高，脸庞的棱角分明，眼睛清亮地追问你世界从哪里开始。幸福就是：

早上挥手说"再见"的人，晚上又平平常常地回来了，书包堆在同一个角落，臭球鞋塞在同一张椅子下。幸福就是：两个老人坐在水池边依偎着看金鱼，手牵着手。春天的木棉开出第一朵迫不及待的红花，清晨四点小鸟忍不住开始喧闹，一只鹅在薄冰上滑倒，拙态可掬，冬天的阳光照在你微微仰起的脸上……

我认真地数了数，那些幸福，离我多近哪。

我告诉自己，从今天开始，要培养一个属于自己的习惯。比如每天听半个小时的音乐，看半个小时的书；每天给父母打一个电话，询问一下他们的生活；每天给要好的朋友发个短信，哪怕只是告诉他这里的天气；每天赶在爱人和孩子之前起床，然后喜滋滋地看着她们伸着懒腰打着哈欠，懒洋洋起床的样子……

我告诉自己，我要每天都挎上自己的篮子，去生活的超市里采购我的幸福。我的篮子不一定是满的，但每天都不会空着。它装着我零零碎碎的对生活的感受，装着我对自己平凡生命的热爱，装着一些散落的记忆的碎片，装着一些我熟悉的名字，有苹果味的，有菠萝味的……天哪！我不敢闭上眼睛，因为满脑子里都是春天的木棉，在争先恐后地迫不及待地开着红花。

（朱成玉）

她喜爱

　　小时候，她喜欢一个人爬上家乡的老城墙，独上高楼，寂寞孤高。那时，她不过十三四岁，喜欢看张承志和卡尔维诺。她还喜欢一个人绕着古老的教堂听颂诗的声音，夜色降临，不感觉恐怖，却只感觉那种薄凉的唯美。

　　大一些，她喜欢乘火车独行。她喜欢陌生，喜欢在异乡的街头做一个闲情逸致的女子，一切的一切，只因她喜爱。

　　还有比自己喜爱更欢喜的事情么？

　　自己喜爱，生出欢喜心，一点点浸淫了旧时月色，在花间词和小令之间，一派幽幽依依的婉约如昆曲婀娜，而心里有蝴蝶漫天飞舞——它们为她的欢喜而来。

　　此时，一颗蒙尘的心湿润起来。她喜爱这黄昏的雨，仅仅能把发梢打湿的雨；她喜爱空气中传来的八月桂花香，街上奔跑的孩子、卖菜的小贩、急着回家的夫妻，卖报女子抬头望天的寂寞神情……她喜爱，这市井的烟火，这凡俗的热闹，如同喜爱半夜里忽然听到寂静里传来的远远更声，遥远、亲切、贴心贴肺，让人立刻感觉到尘世的好。这好原来是这样的——在孤寂的时候有孤寂的美，在热闹的时候有热闹的美。

她喜爱一个人逛街。

没有目的，就是闲逛。

看打折的衣服，两折起。"两折"这两个字就讨人喜欢。进去，这件试试那件穿穿，也有小女子的通病，因为太过便宜，比旺季时便宜好几倍，所以明明有一件白色的，却还要再买一件黑色的，明知道黑色不适合自己，可是，总是便宜的。买回家去做什么？不晓得。

再逛旧书摊。

看到古籍出版社曾经出的旧书，泛了黄，《约翰·克利斯朵夫》，当时才一块七，真是便宜得不像话。来回还着价，最后，四本十五块，非常雀跃，因为，上面有光阴的味道。打开来看，上面还有圈圈点点，批注的文字极美，看那雅稚的字，想必是一个女子所写。这书，有着旧人的味道，真是好，真是喜爱。

她喜爱文字，文字是她的针，她不断地绣着自己想象中的爱情，也许是绣着很多梦想。小说的底子是一块"喜相逢"的蓝被面，上面绣了大朵的艳丽的花儿，缎子上绣着缠枝莲、绣着红嘴鸳鸯、绣着艳丽薄凉的爱情。

她不厌其烦地唯美，一直到心碎，一直到倦了为止。

她还喜欢约三两知己，跑到这个城市一个叫"白麓原"的茶馆喝茶。那茶馆的女主人，也是一个素心人。麻的衣服、黑的短发，一笑，总带有几分羞涩与淡然。茶馆是朴素而简单的，应该有的要素都有了。古朴的、蜡染的布，上面是纳西古文吧，有淡淡的花香溢满整个茶馆、进门是古筝，黄色的纸灯笼挂在旧木纹的架子上，景德镇的陶瓷里有来回游动的鱼。

她笑着迎了出来，把音乐调到最小，是《出水莲》的曲儿。坐定了，拿出最好的普洱给我们喝，墙上新写了字。她说，用的是你文章的名。

细看，看到那四个字"茶苦茶香"。是啊，这生活又何尝不是从茶苦到茶香。

我也喜欢这样和三五知己，围炉小坐，夜听风雪。兴致益然时，唱《春闺梦》，诗人唱《怕黑的夜晚》、散文家唱《菊花台》、小说家唱《一无所有》……而在这个飘着细雨的秋夜，一切如此寂静而安然，我们说着爱情，有时沉默，有时铿锵。这样的时光，是香艳的，是空灵的，带几分莫名其妙的妖气，带几分颓废和迷醉。我看着对面的女子用纤纤素手在写一首词，就笑了——却道天凉好个秋啊。

喜爱，这是多么美的意境。

无关风月，禅意妖娆，有一个人说过我——"招摇着，又内敛着，狐媚着，又端庄着"。为这几个字，我喜爱到痴缠，这是看透了我的本质。我本无心的一粒风中的种子，漫天飞舞，不着边际，所有的这些飞舞，只是因为喜爱。

一日，我陪上海来的一个女友逛街，在北京的一个商场，我忽然看到三个字——"她喜爱"。我愣了、呆了、傻了、痴了、醉了！

　　那是我呀。

　　是的，她喜爱，还有比这更美妙的事情吗？所有的缘起，所有的因，所有的果，全是因为"她喜爱"。

　　我远远地看着，内心居然一阵哽咽难言，甚至有了心碎心酸的感觉。

　　那只是一个服装的品牌，想必给它起名字的也是一个玄意的女子吧？想必她也是一意孤行的人，只要自己喜欢，不负责讨好别人，这样一想，就觉得心安妥当了。这世上，有如我一样的女子，各色、安然，喜欢淡定的生活，因为心中知道，这世上的人或事，不是你想象的那样好，可是，你还是要选择努力地往前飞，为的是有一天能够化蛹为蝶。

　　但是，如果一辈子只是蛹，又有什么关系呢？

　　独自成蛹！只要她喜爱，足够了！

（雪小禅）

因为珍惜，所以相依

　　他曾是英俊潇洒的男孩，会拉二胡、吹笛子，是十里八乡出了名的能人。七十年代末，人们都穷，他花了十多元钱给她做了套衣服，然后办了一场婚礼，就娶了现在的她。

　　婚后，公婆中风瘫痪，卧床七年，妻子里里外外伺候着，端屎端尿毫无怨言。1991年，妻子生下小女儿不久，感到身体不适，经诊断患上颈椎骨髓积水。随后下身瘫痪，从此卧床不起，失去自理能力，连最简单的拿筷子吃饭、端杯子喝水都完成不了。

　　为给妻子看病，他关闭了自己一手创办的武馆，带着妻子，辗转上海、北京各大医院。但连续治了三年，病情不见好转，反倒欠下了十多万元的债务。

　　"只要有我在，这个家就能扛得住。"他这么安慰妻子。为了挣钱，他瞒着子女在路边拉二胡，到垃圾场捡废品。2006年，他将回迁安置时分的75平方米的毛坯房进行改造，将靠南的客厅改造成了一个家用电器修理室，靠给街坊邻居修理电器挣点钱，艰难地维持一家人的生计。

每天早上7点，他准时给妻子刷好牙。接着，拿着梳子将妻子的头发梳理得整整齐齐，再用发卡别好。然后，扶住妻子一步步挪到轮椅上，再推着到前门去晒太阳。最后，他才开始一天的工作。

上午，他坐在椅子上不停地修理着家电，妻子在一旁看着，一个上午过得很快。11点半，他做好午饭，在给妻子喂饱饭后，自己才匆匆忙忙地吃上几口饭。饭后，他搀扶着妻子上床午休，自己继续忙碌，晚饭后，给妻子简单洗漱，服侍她上洗手间，安顿到床上。然后将妻子的双脚，放进自己的怀里焐热。等一切工作全部完成，他坐下来休息两个小时左右。到21点半，就得准时起床，开始他的第二份工作——工地值班。

值班室的工作，需要他从晚上22点一直值守到第二天凌晨5点半，寸步不能离开。工地老板听说他的特殊情况后，就特批他可以请假回趟家照顾一下妻子。凌晨3点左右，他赶忙回到家看看妻子是否睡得安稳，再赶回工地的值班室继续值班。

妻子因为长期卧床，浑身疼痛。他每天晚上临睡前，坚持用热毛巾给妻子擦拭后背；到了夜里，定时给妻子翻身、揉背。为了防止妻子手脚肌肉变形，他还自学了针灸与按摩……在他的悉心照顾下，妻子没有生过褥疮，身体状况没有发生恶化。

唯一的一次摔倒发生于2010年。那天，他推着妻子回娘家看望老丈人。途中，他不小心被一块石头绊倒，妻子也从车上摔了下来。当时，他顾不上自己，扶起妻子一看，脸上擦破点皮，手也流血了，他的眼泪倏地一下就流了下来，赶紧迅速带妻子到附近的卫生所包扎。为了防止这种事情再次发生，他现在每天都要在外面跑步半小时，锻炼体力。

也许是上帝怜悯这对患难与共的夫妇，也许是因为他日复一日的悉心照顾与用心呵护，奇迹慢慢地发生了。到2011年，妻子的病情不仅得到了控制，而且逐步好转，已经能够自己坐立，病痛也减轻了很多。如今，他最大的梦想就是有一天妻子能够站起来。

他叫刘举海，妻子叫马有丛，他们是安徽省合肥市蜀山区仰桥社区的一对普通夫妇。也许刘举海从没有听过"执子之手，与子偕老"这样的诗句，但他不离不弃，悉心照顾瘫痪卧床二十年的妻子，用自己的行动为这八个字作了最好的诠释。这种诠释，无关浪漫，却远比浪漫来得厚重、来得温暖。

（朱吉红）

善良花开分外香

一

前几天，我去超市买帽子、

我看中了两顶，一项是新款的，一项是老款的。正在我举棋不定时，一位穿着很时尚的大姐，仿佛在一旁看透了我的心思，笑着对我说，你戴那顶新款的，更好看。

我很感激她、道谢之后，我就买下了那顶帽子，

茫茫人海，总有些人，在你徘徊、矛盾甚至不知所措的时候出现，就像一朵花突然绽放在你眼前，给你带来丝丝缕缕的惊喜和希望，而他们有一个美丽而芬芳的名字——善良。

二

一个周末，我跟朋友驱车去乡下办事。

在一个村口，一位老大爷拦住了我们。

开始时，我们认为他要搭个便车，于是我们便停下来，而他却

说，前面正在修路，车过不去。然后，他又为我们指了另一条能够通行的路。

感动瞬间包围了我们，我们拐弯继续前行。那位老人，让我们明白了这样一个道理：生活并非总是直路，它有许多的弯，而善良人的一个显著特点就是，在某些时候告诉你拐弯，然后继续行进。

三

有一次，在一个火车站，我的钱包丢了，看四周，没有发现熟人。眼看火车就要来了，这可怎么办？找个陌生人碰碰运气吧。我忐忑不安地走到一个陌生人面前，嗫嚅着对他说，大哥，我的钱丢了，能不能借我80块钱？我回家后一定把钱还给你。

跟他同行的那个人马上把他拽到一边，小声对他说，这样的事，两年前我也遇到过，结果被骗了，钱到现在也没有还。

于是他警惕而仔细地打量了我一番，然后对那人说，我看他不像那样的人，接着他就掏出80块钱给我，我感激地接过钱，并且记下了他的手机号码……

就这样，顺利到家后，我就电话联系他，把钱还给了他。

生活中，很多人都可能被欺骗过，但是我们不能因此就放弃了心中的那份善良。在有爱的世界里，善良是一张无所不至的地图，带你抵达你要去的地方。

（寒　青）

时光派你来爱我

第一次见到他是6岁那年，我怯懦地打量着眼前的这个男人，在周围大人们的要求下，声音小小地喊了声"爸爸"。彼时，"爸爸"于我，是生命中暌违多时的名词，3岁多一点的我，便曾亲眼目睹那个与我骨肉相连的男人化作荒草中的一抔黄土。两年多以来，生命中缺失了这样一个角色，我变得少言寡语，内向又自闭。曾有许多次，见到电视剧里小孩喊爸爸，我都自欺欺人地捂住耳朵，眼泪簌簌地落下来。

要强能干的妈妈看着越来越内向沉默的我，终于明白即便她再能干，给予我金簪美器、锦衣玉食的生活，也始终弥补不了我生命中另一部分爱的缺失，我最需要的还是一个完整的家。她便终于不再拒绝各方给她说媒的好意，暗中给我物色了一个合适的爸爸。最终，在形形色色的人中，妈妈选中了各方面条件并不算出众的他。

小小年纪的我，对于这个我们平静生活的"闯入者"，并没有做好十足的接纳准备，起初甚至十分排斥他跟我分享妈妈。而另一方面，则又十分害怕他取代爸爸在我妈心中的地位。对于我的不懂事他并不责怪，对我视如己出，担负起养育我的责任，给我庇护、宠爱，给我们一个遮风避雨的家，使我们永远不必担心下一步停靠在哪里。

升小学那一年，他骑自行车送我去上学。要到校门口的时候，对我说了这么一句："丫头，好好学习，争口气！"日后想想，我便是凭着那句话的鼓励，这么多年来一直要强，一路高歌猛进，只为做个值得他骄傲的女儿。顺风顺水的日子一直到了高中，我一路拿着漂亮的成绩单进了重点中学的重点班，轻而易举地做着班上的佼佼者。而这些年家里的光景也好了许多，有了可爱聪明的弟弟，凭着他和妈妈的能干，家里日子过得红火起来。即便是有了弟弟，他对我的疼爱也一如既往，好吃的好穿的一定要先给我，他总是乐呵呵地说："姑娘要富养，儿子要穷养。"

多年的陪伴与依靠下来，我对他心里的抵触已消失许多。我开始渐渐明白，上帝一定是不忍看我在年幼时缺失一个男人的庇护与疼爱，才派他来到我和妈妈的身边，代替爸爸来弥补欠我们的爱。

我们之间的关系渐渐有所好转，交流多起来，我也终于不再吝啬对他沉沉之爱的回馈，开始学着收敛戾气，做他贴心的"小棉袄"。高考那年，跟他商量着是要报离家远的学校还是离家近的学校，其实他深知我是有主见的孩子，便说："丫头，不管怎样，老爸都支持你的决定。"那个时候，我暗暗下定决心，凭我不错的成绩，正常发挥一定能四平八稳地拿下一个北京的名牌高校。可命运却再一次离奇地跟我开了一个玩笑，距离高考3个月的时候，因为压力过大，无休止的头痛蔓延了我本该用来做最后冲刺的时光。我一病不起，初诊误诊我是脑瘤，惊慌失措的我在医院走廊里抱着他哇的哭出声来。那是我第一次见他红了眼眶。他接受不了这个结果，带着我去大医院重新做检查，直到脑CT、磁共振等检查都做了一遍，证明是误诊后，他才长舒了一口气。

如今，大学大半的时光已过。在离家的日子里，我喜欢时不时地给他打个电话报个平安，天气变化的时候他也总是忘不了提醒我加衣。我们之间的话并不多，但彼此心里都清楚我们是最亲近的人。偶然提起日后的打算，想着越来越大的就业压力，他也时不时地要我放宽心："丫头，不着急。你要想继续读书考研，老爸供你。你要找工作，老爸也支持。哪怕你毕了业在家待着，老爸也能养活你。都养你这么多年了，再多养个几年怕啥？"

我知道，成长这一路，跌跌撞撞走来，我对他有过憎恨有过误解，但好在最终，都转化成了爱。多年后，我从姥姥口中得知，当年有许多条件不错的都相中了年轻能干的妈妈，但却无一例外的都嫌弃我这个"拖油瓶"。只有他，在得知我妈还带着个6岁大的女儿的时候，非但没有嫌弃，还说了一句："我不仅娶了个媳妇，还多了个女儿，赚大了。"仅此一句，老妈便认定了他。

若不是时光派你来爱我，此生也许我依然在漂泊。老爸，女儿从来没有对你说过矫情的话，今天我一定要说一句："我爱你。"

（陈小艾）

我在家里等你

　　记者丛桦在多年前的一次采访中，遇到一位使她久久放心不下的老太太。

　　老太太讲，她是二十三岁结的婚，新婚十八天后，丈夫便跟随大哥、二哥去了台湾，从此就再也没有回来过。

　　她那时多年轻啊，是一朵开得正红的花儿。沉浸在新婚的喜庆、热烈和幸福中，还没有回过神，新郎就像鸟儿一样展翅飞离。开始，她觉得这没有什么，新郎的离去就如同出了一次门，很快就会回家的。

　　可是，慢慢的，她才明门自己走进这个家门，仿佛就是专为日后等他而来的。在她的生命和生活中，"等待"这个词的分量最重，重得犹如生死承诺，而做了承诺的只是她一个人。

　　是战争残酷地分散了他们，那么战争结束后，丈夫一定会回家的。抱着这种信念，她一天天、一月月、一年年地坚守在家里。等他同她一起去过憧憬了无数次的幸福生活。她一点儿也不抱怨丈夫，他没有错，他肯定为回不了家而备受煎熬，他肯定比她还痛苦。因为她毕竟还有家，而人无定根的他，不知道是怎样的辗转漂泊、艰辛苦累？

越等，她越心疼他，越思念他，越渴望他回来。大嫂、二嫂相继改嫁了，连公公婆婆都过来劝她别等了。在他们看来，这明摆着是空等一场。可是她偏偏要日复一日、年复一年地等下去，也许在她看来，等本身就是希望，就是生活，再艰难的等待都有一个结果，世上没有真正空着的等待。

在她遥遥无期等待的时候，远在台湾的丈夫给她写来了一封信，告诉她"回来遥遥无期，不要等我，你另寻幸福"。在亲人们看来，这应是一封诀别信。她却似乎从中读到了一种怜惜疼爱，依然说不怨他，要等他。回忆，总是在等待中愈加清晰。她永远忘不了他离开家的那天早上，是笑着对她说话的，话的内容她早已经刻在心上：你在家，要好好照顾老人，我办完事就回来。这句话停留在了她的生命中，任凭再大的风雨都吹不走它，淋不坏它。有了这句话，再漫长的时间都会缩短，再遥远的距离都会变近，心里有爱，有希望的等待是不在乎时空阻隔的，大不了把一年当做一日来过，让命运的荆棘开出最柔软、最美丽的花瓣。

她经常在梦中梦到他，还从亲戚那里要来了他从台湾寄来的照片，翻拍后放大，用木制相框罩起来，挂满了墙壁。在她简陋的家里，连一台电视机也没有，但她拥有这些时刻都能看到的照片，并不觉得生活的清贫和贫乏。丛桦前去采访她，她已经有七十七岁了。

丛桦感动地说："老太太满脸皱纹，但面目可亲，没有丝毫我想象的怨妇神情。她始终微笑着向我回忆，即使说到断肠处也不落泪，真是坚贞。"这真的令人动容，不由得让人想为她祈祷奇迹。

多年后的一天，一位朋友突然告诉丛桦："老太太去台湾回来了！"这一刻，丛桦的热泪夺眶而出：老太太依然活着，她的丈夫依然活着，他们居然能在有生之年有缘相见，这真是一个令人喜极而泣的奇迹！

老人打开门，仍旧是那张慈祥的笑脸，而且笑容更深了。听说了记者的来意，老人亲热地叫她"丛姑娘"，还说"我终于从地狱里走出来了"，话语里饱含着她此时的幸福和喜悦。

原来，年过八旬之后，她病痛缠身，生活几乎不能自理，既担忧等待他的日子所剩不多，又害怕等到他回家后，自己照顾不了他，反而成为负累。于是，她开始对照顾她的好心人说："死了吧！死了吧！"谁知绝处逢生，一位陌生的女士听说了她的故事后，深受感动，资助并陪同她飞往台北，圆了她"我一定要去台湾找他"的梦想。

他见到她的一瞬，万分愕然，竟说不出一句话。她却一点儿也不隔阂，自然、亲密得一如六十年前。

她轻声细语，高兴得好像一朵开得正红的花儿："我是李玉秀，你的妻子，这些年我一直想见到你，我想你呀！"

正如她所想，他在这里并未再娶，一直单身，仿佛像她那样几十年如一日地等待着一个爱人，一个亲人，一个冤家。但是，沧海桑田之后，他并不认她，拍拍她的胳膊请她走，还说自己要吃饭了。

"我和你一起吃饭。"她依旧笑盈盈地看着他，觉得他就是一个变得有些认生的小孩子。

自始至终，她都没有哭，好不容易见面了，彼此都应该好好地笑一笑。当老人对丛桦说起他一个人生活的脏乱、孤苦时，她方才伤心地抹起眼泪——一滴眼泪滴落的时间竟如此漫长，漫长过半个世纪。

丛桦临走时，老太太突然问："你说怪不怪，怎么他也是一个人呢?"丛桦忍住泪水，安慰她说："他心里有你，记着你。"老人点点头，有些羞涩地笑着，像盛开着的一朵花儿。

心愿已了，左邻右舍觉得老人的身体和精神会垮下去，商量着要送她去敬老院。她竟像又活了一次，神采飞扬地说："我不去敬老院，我要在家等他回来。"

一朵花儿竟然在爱和希望的等待中永不凋谢，一世盛开，这该让多少人感到意外和震动啊。也许，人世间最有情有义的等待，就是这样在家里坚贞不屈地等待一个人吧，就像她，只为他而盛开，只为他而等待。

（孙君飞）

别盯着别人的缺点

哈佛大学的一节公开课，讲课的是哈佛大学著名的桑德尔教授。

那天，桑德尔教授拿出了一张白纸，然后在白纸上画了一个黑色的圆点。他问学生："你们看见了什么？"

学生回答："一个黑点。"

桑德尔教授说："你们只说对了一部分，纸中最大的部分是空白。我们很容易犯的一个错误就是，只见小，不见大，从而束缚了我们的心。另外，如果我们把这个黑点看成是人的缺点。它给我们最大的启示就是，有些人总喜欢盯着自己的缺点不放，从而使自己成为一个自卑而怯懦的人；还有一些人习惯于盯着别人的缺点不放，从而使自己失去了世界上所有的朋友。而相反，如果你经常看到别人的优点，不计较别人的缺点，别人的心将马上为你敞开，把你视为知己、挚友。"

古人云："躬自厚而薄责于人。"意思是说人要反省自己的行为，严格要求自己，同时不要对别人太苛刻，不要只盯着别人的缺点，而要以宽容大度的心态对待别人的缺点，包容他们的过失。

蔡康永成名前是一位自由撰稿人。他和众多作者的作息时间类似，过着"昼伏夜出"的生活。蔡康永还有一个爱好，喜欢养鹦鹉，就连现在主持节目他都把它放在自己的肩上。但是，这只鹦鹉过去有一个毛病，常常咳嗽，而且声音浑浊难听，就像喉咙里塞满了痰。

蔡康永被它扰得心烦，只好带它去看兽医。结果，医生说："鹦鹉很健康，身体没有任何问题。"

蔡康永百思不得其解，说："既然检查不出什么问题，我只好把它给扔了。不然带回家又吵得我不能写作。"

医生见他嘟囔着嘴抱怨，说："你很喜欢抽烟吧？"

"你从何得知？"蔡康永瞪大眼睛问医生。

医生笑了笑没说话。

"唉，确实，深夜写作时，我时常抽烟解闷。你肯定是从我的牙齿，又或者是我的指甲里看出的吧？你眼睛真尖。"蔡康永叹气道。

"错了，是鹦鹉告诉我的。"医生缓缓地解释道，"其实鹦鹉声音嘶哑，问题出在你自己身上，你爱抽烟，自然容易引起咳嗽，恰好鹦鹉有模仿人的习性，跟你待久了，嗓音自然就成了现在这副模样。如果你能容忍自己的缺点，又何必盯着鹦鹉的缺点不放，去丢弃它呢，况且它并没有病。"

蔡康永听完，羞愧地低下了头。

生活也是如此，每个人都是两面的，有优点也有缺点。如果人人都过度挑毛病，互相指责，生活将会永无宁日。人无完人，不要盯着别人的缺点不放。正所谓"尺有所短，寸有所长"。总盯着别人的缺点不放，恰好说明，我们自己身上到处是缺点。多看看别人的优点，也正体现我们自己大度的优点。

（礼　斯）

有钱没钱回家过年

　　2011年的春节，陈达成又回不去了。爹在电话里听到他这么说，声音一下子弱下去：又不回啦？那么忙？

　　陈达成心里也不好受，他已经有两年没有回家过年了，爹娘盼儿的心情他理解，可是，人在江湖，身不由己。

　　当然，今年的情况和往年不同，这次不是业务太多，他之所以留在这个城市，其实也是为了一顿年夜饭。生意合作伙伴韩生半月前出国，临走时和他感慨：想想我可真不孝，我老爸今年都80岁了，为了事业，这个春节我又不能陪老人吃年夜饭了。陈达成心里蓦然一动。韩生掌握着他公司40%的订单，一直以来他就想着如何同他发展更进一步的关系，现在听到他有这样的感慨，陈达成忽然看到了某种希望。他拍着胸脯和韩生请缨：今年春节的年夜饭，我陪老爷子吃，你放心去办大事，家里的事情就交给我了。韩生很惊讶，惊讶过后眼含热泪，一把握住了陈达成的手。陈达成当然说到做到。腊月二十之后，他带着老婆孩子去了韩大爷家，买菜买肉买鲜花，热热闹闹地比亲儿子还孝顺。

过小年，陈达成正和韩大爷在客厅下棋，老婆突然进来了，她的身后，跟着一个让陈达成愕然的人：弟弟从老家来了。

看到哥哥孝子一样和一个老头在那里说笑，弟弟那个气呀，他刚才问过嫂子了，今年哥不回去过年，不是工作忙，而是要照顾这个孤老头。他当然知道陈达成没有博爱到这种境界，果然，嫂子吞吞吐吐地告诉了小叔子，这个老头可不是一般人。

弟弟的眼泪下来了。他在窄小的书房里，黑着脸埋头半天，猛地抬起头来盯着陈达成：哥，钱是不是比爹娘都重要哇。陈达成一把捂住弟弟的嘴：这人，瞎说啥呢，让韩大爷听见，他成啥了。弟弟啪嗒啪嗒掉眼泪：爹娘都不知道我来找你，可是我觉得自己必须来，哥，这个年你今年必须回去过。

陈达成皱着眉坐在椅子上，唉，弟弟哪里知道他的难处哇。他之所以选择替韩生尽孝，其实不止是为了自己呀。公司几十号员工的工资、爹娘的养老金、弟弟的新房子，所有这些哪点不是依靠那些生意伙伴？而为让韩生更加坚定地同自己合作，他陪他父亲过个年又怎么了？

听他这么说，弟弟的眼泪掉得更厉害了。他纠结半晌，忽然哭着说出一句话：哥，你知道为了叫你回家，爹怎么让我同你说吗，他让我和你说他得了癌，大过年的咱爹都这样咒自己了，你说他们得多盼你回去呀。

陈达成就像被人狠狠扇了一个耳光。按说，就为了爹这句话，他无论如何都得回了。可是，想想客厅里的韩大爷，陈达成又发愁了。怎么办？

让陈达成没想到的是，弟弟直接找了韩大爷，说了爹想儿的难处。韩大爷动容了，都是父亲，他太理解陈达成爸爸的心情了。他坚决要陈达成回家过年，而陈达成又觉得自己不能违背诺言。到最后，老婆想出了一个万全之策——如果韩大爷不介意，就跟他们一起回老家吧，权当来次乡下游了。让人高兴的是，韩大爷对这个提议很赞成。

腊月二十五，陈达成开着车载着一家大小和韩大爷回了老家。大半年不见，爹瘦了，娘胖了。两个老人眉开眼笑地接待韩大爷，陈达成将新买的皮袄搭在爹肩上时，偷偷附耳说了一句：爸，没有你这样的，让我回就回吧，干吗那么咒自己。

爹瞥他一眼嘿嘿笑起来：你小子，要是我不这么说，你能回来吗？

陈达成看着衰老的爹，眼睛再次湿润了，他想起小时候自己每年盼着在外面打工的爹回来的情景了。也是这样欢天喜地，也是这样望眼欲穿。陈达成喉头哽哽的，多快呀，一晃几十年过去了。他长到了当年爹的年纪，爹却瘦成了当年那个幼小的他。

陈达成忽然万分理解了爹为什么要撒那样的谎来诓自己回来了。没有他，家里的年夜饭怎么会团圆？让陈达成感动的是，爹很体谅他的难处，知道韩大爷的重要性，整个春节他都拿出所有时间来陪他。两个老头，话也投机，很多时候说着说着就到了午夜。偶尔陈达成过来想跟着唠两句，爹就将他向娘那屋里撵：去陪你妈，别耽误我和你大爷说话。韩大爷也笑嘻嘻地撵陈达成：我和你爸可真对脾气，你们年轻人玩你们自己的去。

年三十晚，陈达成笑着回头去看爹，明亮的灯影里，爹瘦瘦的脸上有几分疲惫，却又满是满足。陈达成忽然眼角有点儿湿。爹尽最大努力将他拉扯大，现在老了，却也不放过任何一个可以帮助儿子的机会。天大地大不如父母恩情大。陈达成彻底理解了这句话的意思。

春节很快结束了，陈达成要和韩大爷回城了。临行前的晚上，爹将陈达成叫到自己屋里，他那么留恋地端详着儿子，好半天，说了一句话：儿子，爹知道你是做大事的人，今年我糊涂，说什么也要叫你回来，你不会怪我吧？陈达成的脸腾地一下子红了：爹，你说啥呢，让我都没脸了。

爹的脸上，一朵欣慰的笑慢慢绽开：你不怪我就好，我好歹拜托了韩大爷，让他儿子帮衬你的生意，爹能做的，就这么多了。

陈达成重重点头，轻轻攥住了爹的手，爹的手轻轻一哆嗦，然后抚着儿子的手背，一颗浑浊的老泪，顺着眼角滚了下来。

兔年，一个团圆吉祥年，有钱没钱，当儿女的都要回家过年。

（琴　台）

留下一颗有尊严的种子

由于前方公路维修，我们的旅游车不得不绕道一条高原小路，向日喀则进发。一路颠簸，使我们的高原反应更加厉害了。

这是我们进藏的第二天，对于即将亲密接触的西藏风情，我们的内心都充满了神秘的期待。一路上，藏族导游格旦卓玛不断地给我们讲着笑话，帮我们缓解了不少痛苦。旅游车驶进了一块腹地，高原反应轻多了，大家的兴致又慢慢高了起来，有人掏出包里的零食和饮料，分发给大家。格旦卓玛马上给我们每个人发了一个塑料袋，让我们将果壳废物装进袋里，然后统一交给她带回拉萨去处理。

前面出现了一个藏族村庄。有人激动地对司机说：在村口停一下，让我们下车到村里去看一看吧。

看着我们兴奋的样子，格旦卓玛笑着问我们，你们是不是也带来了很多小礼物？没错啊，你怎么知道的？几个女同志一边说，一边迫不及待地打开了各自的旅行包，里面吃的、用的、玩的，应有尽有。

几乎每一位进藏的游客，都会带来些小礼物，送给见到的藏族小孩。格旦卓玛说：以前，因为比较闭塞，很多藏族小孩常年难得见到外人，所以，对于偶尔见到的旅游车和游客，他们会安静地站在路边，向旅游车上的游客挥手致意，表达他们的好奇和欢迎。但是，这几年，一些进藏的游客总是将小礼物送给藏族小孩，使得一些孩子的心态都变了，只要一看到旅游车和游客，他们就会跑过去，伸出小手，等着游客给他们派送礼物。游客的小礼物本来是一片爱心，但这却滋生了孩子们不劳而获的心理，也会无形中伤害到他们的自尊。

那我们带来的这些礼物可怎么办啊，再说，我们真的只是想表达一点我们的心意。大家议论开了。格旦卓玛摆摆手，这样吧，如果大家确实想将小礼物送给孩子们的话，我给大家一个建议：不要一见到孩子就无缘无故地将礼物送给他，那就像是施舍一样。大家可以让孩子帮你一个忙，然后，再将小礼物作为回馈，赠送给他，好吗？

大家连连点头。

旅游车在藏族村庄前，缓缓停了下来。我们刚走下车，就被一群藏族孩子包围住了，果然如格旦卓玛所说，有的孩子直接将双手伸到了我们的面前。

一位中年女游客，手里拿着只水杯，她弯下腰，走向离她最近的一个小姑娘，指着手中的空水杯说，我很渴，可以去你家去倒一点热水吗？小姑娘迟疑了一下，好啊。说着，领着中年女游客，蹦蹦跳跳地向边上的一户藏民家走去。

两个年轻姑娘拉住一个藏族小女孩，问她，村子里有藏獒吗？藏族小女孩点点头。年轻女孩伸了伸舌头，做出害怕的样子。藏族小女孩点点头，又摇摇头。两个年轻姑娘轻声问，你可以带我们进村里看看吗？藏族小女孩又笑着点点头，自豪地带着她们向村里走去。

半个多小时后，大家重新回到了车上。旅游车慢慢驶出村庄，一群藏族孩子站在路边，向我们的旅游车挥舞着手臂，大家也打开车窗，不停地挥着手。

车驶离了村庄。格旦卓玛这才问大家，礼物送出去了吗？大家都点点头。中年女游客激动地说，藏族孩子太淳朴、太可爱了。我明白了一个道理，事实上，我们送给他们的只是小小的礼物，而他们回赠给我们的，却是这个世界上最纯净、最真诚、最甜美、最难得的笑容。

（孙道荣）

心中有盏灯

　　当引人注目的年轻女子拄着红白相间的盲人杖，小心翼翼地走上公共汽车时，车上所有的乘客都向她投来同情的目光。

　　她付了车费，用手摸着椅背，顺着过道，找到了那个专门给残疾人准备的空座位，然后坐下来。她把手袋搁在大腿上，盲人杖就放在腿边。

　　34岁的苏珊已经失明一年了。当初由于误诊，她失去了视力，一下子被抛进了黑暗的世界。她开始狂躁不安，后来变得心灰意冷，转而又自暴自弃。她唯一能做的，就是把丈夫马克拴在自己的裤腰带上，寸步不离。

　　马克是一名空军飞行员，他全身心地爱着自己的妻子。苏珊刚刚失明的时候，他看到她绝望到了顶点，便鼓励她、开导她，帮她找回自立的勇气和信心。

　　在丈夫的帮助下，苏珊慢慢地平静下来。后来，她甚至觉得自己可以去上班了。可是怎样去上班呢？过去她乘公共汽车上班，如今这个样子她绝对不敢独自一人去上班。尽管两个人的工作单位在这个城市边缘相反的方向，但马克仍然自告奋勇每天开车接送妻子上下班。开始的时候，马克这样做让苏珊感到了安全和依靠，马克也为自己能够充当妻子的保护神而沾沾自喜。

可是后来，马克明白了这样对妻子来说未必是一件好事。因为他若不撒手，妻子就可能永远不能自立。苏珊应该自己坐公交车去上班，她必须自己面对这个世界，战胜自己的恐惧和不自信。

苏珊听到马克要她自己坐公交上班的建议后惊骇不已。"我是个瞎子！"她痛苦万分。"我出门连东南西北都分不清，怎么能够找得到路？你在嫌弃我！"

听到妻子这样说，马克的心被刺痛了，但是他明白他必须这样做。他答应苏珊每天早晚上下班陪她一起坐公交车，直到她熟悉、掌控这一切为止。于是，整整两个星期，马克每天都陪着妻子坐公交车上下班。

他教她如何依靠其他的感官来感知周围的一切，尤其要善于利用听觉来分辨自己身在何处。他帮助她和公交司机友好相处，以便司机能够照料她。

经过反复的练习和熟悉环境，苏珊的胆子终于大了，她决定自己乘公交车去上班。

这个星期一早上，苏珊"单飞"之前，双眼含泪紧紧地拥抱着马克。她的丈夫是她的拐杖，是她的陪练，更是她最好的朋友，她能够真真切切地感受到他的忠诚、耐心和无私的爱。她对他说了声"再见"，就独自一人上路了，这是她失明后第一次和丈夫分开走路。

星期一、星期二、星期三……苏珊天天按时出门，平安到家。这个时候的苏珊自我感觉好极了。她终于成功了，能够自己一个人去上班！

星期五的早上，苏珊像往常一样独自一人坐公交车去上班。她走到门口付了车费，准备下车。开车的司机不无羡慕地说："孩子，我真忌妒你哟！"

苏珊不敢肯定这位老司机是在和她说话，因为她压根不敢相信这个世界上会有人忌妒她。于是苏珊好奇地问司机："你刚才是和我说话吗？你为什么这样说？"

司机回答："如果我能享受到你那样的待遇和关怀，我就会开心死了！"

苏珊丈二和尚摸不着头脑："你这是什么意思？"

司机告诉她："你还不知道吧，这一个星期以来，每次你下车，那个穿着军服、长得很帅气的先生，就会站在街对面的角落里默默地望着你。他站在那里一直注视着你安全穿过大街，进入办公楼。然后他总要对着你的背影送上一个飞吻、敬一个礼后，才转身走开。你真是一个非常幸运的女人！"

幸福的眼泪顿时顺着苏珊的脸颊滚了下来。尽管她看不见丈夫的身影，但她能感觉到他就在自己的身边，司机的话证实了她的这种感觉。她的确是个幸运的女人，非常幸运！因为她得到了一份珍贵的礼物，甚至超过了视力。尽管她的眼睛看不见，但心里却能够感受到这份礼物的珍贵——这份最珍贵的礼物就是丈夫的爱。有了这份爱，心中就有了一盏永不熄灭的灯，哪怕眼前漆黑一片。

（张维　译）

不 要 怕

　　女人拐过墙角，电梯门即将关上。女人喊一声稍等，提了长裙，小跑起来。她看到电梯里伸出了一只手，为她轻挡即拢的门。那只手很白很胖，五指粗短——那是一只中年男人的手。

　　女人冲男人笑笑，表示感谢，随即按下六楼的按钮。男人耸耸肩膀，说，我也去六楼，男人又矮又胖，肥硕的身子将花格子衬衣撑得饱满，如同肥肉搓成的硕大丸子。他直直地盯着面前的女人，目光里似乎带着几分讨好女人的猥琐。女人心中打一个寒战，叠抱双臂，盯住一路攀升的指示灯，感觉浑身不自在。

　　这是一个很大的药品超市，女人要去六楼买些家备药。电梯中光线昏暗，女人用余光打量着丑陋的男人。男人有着硕大的脑袋和粗短的脖子，他的脑袋不是长在肩膀上，而是坐在肩膀上的。女人想男人是做什么的呢？奸商？单位领导？小车司机？酒楼厨师？

　　买药？男人盯着女人，没话找话。

　　嗯。声音从鼻子里挤出。女人紧抱双臂，眼睛瞅着指示灯。三楼。

　　病了？男人不识时务。

嗯。女人扭过身子，背冲男人。她不想与男人再说一句话，她只想电梯快些升到六楼。

四楼、五楼、五楼半，突然女人发出长长一声尖叫。

电梯猛然颠簸，像遇上冷气流的飞机，然后，整个世界霎时间漆黑一片。女人的尖叫声至少持续了半分钟，也许她的每一根发丝都直立起来。尖叫声在逼仄狭小的电梯里撞碰反弹，又分出叉，如千万支利箭遍扎女人，让女人恐惧递增。女人撕心裂肺地喊，救命啊——

黑暗里的男人说，别喊！

女人大声喊，你想干什么？救命啊！声音尖锐刺耳。她往角落里缩，可是她只碰到冰冷的铁壁。

男人说你先别喊，别喊。不要怕……我发誓电梯不是我搞坏的……我猜是哪里出了故障吧？不像停电，停电不会猛然一颤。

女人的尖叫声终于停止，她知道电梯被卡在五楼和六楼之间。她知道近在咫尺的黑暗里站着一位又矮又胖的男人。女人想说服自己平静下来，可是她心跳得更加厉害。

我怎么办？女人像在自言自语。

男人在黑暗里笑了。他说你应该问我们怎么办。话音刚落，电梯里亮起来。女人看到男人举着一个打火机，男人的脸在微弱的火光中一闪一闪，虽然笑着，却有些阴森。

我要出去！女人抹一抹吓出来的眼泪。

我也想出去。男人笑笑说，可是你认为我们出得去吗？

那我们怎么办？这次女人换成了"我们"。

不怕。男人说，就算是电梯故障，一会儿他们也能修好……我保证咱们不会被困超过半小时。顿了顿，男人又说，你可以抓住我的手。

女人下意识地缩缩身子。不用，她急忙说，你别关掉打火机就行……

男人偏偏关掉了打火机。男人说别再叫……千万别再叫……时间太长打火机会炸掉的……这只是一次性打火机，你以为这是奥运火炬？

男人并不幽默。事实上这种时候，任何幽默对女人都无济于事。突然停下的电梯，突如其来的黑暗，黑暗里的男人，男人的眼睛，都有着几乎令她崩溃的恐惧。

打火机再一次点燃，男人的脸再一次在火光里笑起来。我是和妻子来这里的。他说，逛街逛到这里，顺便上来买点药……她走累了，等在一楼……幸好她没有跟我上来。

女人不说话。

男人说我外套还在她手上呢……天太热……不然我穿这样一件花哨的衬衣满街逛，别人还以为跑出来一只长了花纹的猪……

女人仍然不说话。没话找话的男人并不能让她放松。

男人又一次把打火机关掉。一会儿，火光又一次亮起来。

你真的不用怕。男人说，我们在电梯里，不是在飞机上；我们在超市里，不是在万米高空；你面对的是一位善良的好市民，不是一位暴徒或者一只狗熊；外面有很多人，不是只有云彩和闪电……

女人勉强笑笑。那笑真的如同闪电，转瞬即逝。

男人擦一把汗，松开领口的纽扣。你喝水吗？他晃晃手里的矿泉水。

女人摇头。

男人喝两口水，再擦一把汗。知道吗？他说，我妻子不随我上来，不仅因为她累了，还因为我们刚刚吵过架……非常难看的衣服，她偏要买……不是我心疼钱，她穿上那件衣服，也许会被路人误以为是斑马……

女人再笑笑，仍然很勉强。

男人靠着电梯，慢慢坐下。他说我有点累，我得坐一会儿。

火光灭了，少顷，火光再一次照亮狭窄的电梯。

夫妻间总有些秘密的吧？男人说，比如我知道她有私房钱……其实我也有……我的私房钱藏在写字台下面，胶布粘着……密码是我们的结婚纪念日……

女人笑，露齿。她感觉自己似乎变得轻松了一些，她笑着说一会儿我会转告她的。女人被这句话吓了一跳，她竟然和这个丑陋的男人开起了玩笑！她看一眼男人，男人的眼睛笑着，脸色却有些发暗。也许是因为打火机的微弱光芒吧？女人想，此刻她的脸色肯定也非常难看。女人想回给男人一个微笑，然而她的笑只绽开了一半——另一半，隐进突然而来的黑暗之中。

男人再一次关掉打火机。他说我想休息一会儿，你别怕。外面有动静了，像撬门声，好像还有人说话。你别急、别急。不要怕、不要怕。他似乎在喘息，声音很粗很重。女人想肥胖的男人都这样吧？不过站了一会儿，却像爬了二十层楼。

女人是在半小时以后被救出电梯的……她的尖叫声再一次响起……高亢焦灼，带着几分绝望……女人喊，快救救他！

男人终于还是死去。他的妻子站在电梯外面，他的外套在妻子那里，他的随身药在外套口袋里。男人有心脏病，他的生命每一天都可能突然终止。

女人对男人的妻子说，他的写字台下面，有一张存折，密码，是你们的结婚纪念日，他让我，转告你。

几天后，在殡仪馆，男人的妻子盯着披了黑纱的男人的照片，照片里的男人眯着眼笑。

女人说我想谢谢他，可是我没有机会。

男人的妻子说，就算没有他，你也一样会得救。

女人说可是他一直劝我不要怕。

男人的妻子说，那种情况下，任何一个男人都会这样说。

女人说不。不是。后来，他说打火机被烧坏，不能再用……其实不是……他怕我看见他的样子……看见他嘴唇乌青、脸色紫黑的样子……他要偷偷死去，为一个陌生女人……他真的是偷偷死去的……他偷偷死去，不让我知道，只因为，他怕我害怕……

两位女人，终于抱头痛哭。

（周海亮）

12岁女孩与27幢房子

　　2011年，对于海地一个偏远小镇的27户贫穷家庭来说，是命运的转折年，因为这一年，他们住上了新房子。让人想不到的是，这27幢房子，是一个年仅12岁的女孩雷切尔·惠勒捐建的。

　　雷切尔出生在美国的佛罗里达州，9岁时，母亲带着她到海地参加一个慈善聚会，来自粮食济贫组织的工作人员沉痛地向大家讲述海地儿童的苦难：因为贫穷，他们上不起学，十多岁的孩子依然穿着破破烂烂的衣服，到处捡垃圾；他们没有鞋子，一年四季光着脚；他们吃的是烂泥饼，因为营养不良，孩子们体弱多病，很多不幸夭折；他们住在纸板搭的房子里，夏天像蒸笼，冬天像冰窖，即使如此，依然住得心惊胆战，因为一阵风一场雨，就可能将房子毁于一旦……

　　看着安安静静坐在自己旁边、皱着眉头不说话的女儿，母亲想，这么小的孩子，怎么可能理解海地儿童的苦难呢？她一定把这一切当做童话在听吧？聚会结束后，雷切尔依然一副闷闷不乐的样子，和母亲手牵着手，默默地走在海地的大街上。她不时回头，看一眼刚才聚会的地方，咬咬嘴唇，心里似乎很难受。

当她第三次回头时，发现一个和她差不多大的黑人女孩，光着脚，胳膊瘦得像火柴棍，穿着一件极不合身的打着补丁的大褂。脸上也很脏，只有两只眼睛闪着光芒。

她一直跟在雷切尔母女身后，她们走，她也走；她们停，她也停。母亲转过身来，向小女孩招招手。小女孩怯怯地走过来，低着头，不说话，眼睛却死死地盯着雷切尔手中的巧克力盒子。雷切尔明白她的意思，把巧克力递给了她，她一定和自己一样喜欢吃巧克力吧？没想到，女孩摇摇头，说："我只要盒子。"雷切尔和母亲面面相觑，母亲俯下身，问："能告诉我你要盒子干什么吗？"小女孩把头低得更低了，轻声说："我的房间破了，我想用它补一补，这样，雨就不会淋湿我的床了。"最终，雷切尔将巧克力也一起给了她，小女孩像得了宝贝，捧着它，高高兴兴地转身离开了。

看着她瘦得不成形的背影，雷切尔忽然说："妈妈，我要为海地穷人建房子，一定要！"母亲不可置信地看着女儿，一个9岁的小女孩，拿什么去建房子呢？她以为，女儿只是随便说说。

没想到，雷切尔是认真的，回到家以后，她就开始付诸行动。她用自己的零花钱批发了一些小商品，拿到学校去卖。还利用课余时间做了很多手工制品，拿到夜市上去销售。仅凭这些收入，也许到90岁都完不成建房子的梦想，雷切尔决定向更多的人求助。她先把同学们联合起来，让大家和她一起想办法挣钱，从一个班到整个学校，最后，所有的学生和老师都加入了进来，他们一起卖商品，一起做手工，利用节假日举行慈善义卖。

雷切尔还把目光投向了大人，凡是她认识的小朋友，她都找到别人家去，发动小朋友的父母，让他们为海地穷人做些力所能及的事。她甚至找到教堂和商会，请求帮忙。她的筹款行动遍布每一个角落，款项也像滚雪球一样越滚越大，短短三年的时间，她筹到了25万美元，这些钱，足够盖27幢房子。

2011年，12岁的雷切尔为一个叫莱奥甘的小渔镇建起了崭新的住宅，这些房子全部用防震水泥建造，非常牢固，不但可以抵挡风雨，还可以抗震。从此，27个家庭再也不用日夜担心纸板房倒塌，再也不会半夜被雨淋醒，他们终于可以安安稳稳地一觉睡到天亮。

为了感谢雷切尔的善举，当地人将小镇更名为"雷切尔村"，他们会永远记住这个心地善良的小女孩。而雷切尔的下一个目标，是重建当地被地震损坏的学校，让海地的孩子可以坐在教室里读书。

（汤园林）

血　疑

　　自从我知道他们是我的养父母之后，我的书便读不进去了，成绩一落千丈。

　　养父母只能试着联系我的亲生父母。几天之后，一个男人打来了电话："我是你的生父。"异样的感觉很快消失，从父亲的话中，我知道了我的身世。我的生母当年是他的学生，他们发生了师生恋，母亲不小心怀孕了，事情闹了出来，他被迫离开了学校，母亲也被家人强行带走，生下我之后，把我安排好，母亲也转学到北京去了。

　　这次通话之后的一个星期，父亲来到了我的跟前。他现在在天津一家公司工作。因为对母亲的愧疚，心中的结无法打开，他一直没有结婚，也没有别的孩子。他给我带来一套名牌运动装，看着我穿上，拍拍我的肩说："嗯，很帅，我儿子一看就是个有为青年。"

　　临走之前，父亲突然对我说："我年轻的时候很失败。你不要像我，误了自己，现在不是玩的时候。"我使劲地点了一下头，感觉自己忽然长大了。

　　几年后，我考上了北京的一所大学，跟父亲报喜。"到北京有什么需要，随时跟我联系。"父亲说。"我想找到我妈。"我回答。父亲迟疑了一下，说他会想办法。

终于见到我的生母。她的神色并不像我想象得那样有许多期待和喜悦。我们坐在酒店餐厅的一个角落，她还经常神不守舍地望着门口和四周。她说她现在有一个很美满的家庭，还有一个孩子。分手时，她忽然很直接地对我说："没有什么事不要找我，他是个高官，我不想影响我现在的家庭。"望着她离去的背影，我愣了半天。

虽然没有体会到想象中的母爱，但还好，读大学的几年，父亲总会抽时间来看我，给我添置生活用品，给我许多人生的指导。我们无话不谈，像两个男子汉似的对话。他给我可以依赖的温暖。我很庆幸，我找到了我的生父。

就在我的人生朝着生父给我的规划稳步前进，读完大学又开始上研究生的时候，我突然被查出患上了白血病。陪伴了我7年的父亲，这时候更成了我坚强的后盾。他把自己所有的积蓄拿出来给我治病还不够，就到处借钱。他给我做饭、送饭，每天在我的出租屋和医院之间奔波三四个来回，晚上就守着我，从来没有睡好过。看着他的黑眼圈和眼泡，我内疚地问他："你这么久没去上班，不影响工作吗？"

他呵呵一笑："没事。我请了长假，专门照顾你，你什么时候好了，我就什么时候回去上班。"

化疗的过程很痛苦，我的头发掉光了。可是治疗的过程并不顺利，化疗没有什么明显效果。专家说要换骨髓。他不知道什么时候认得一个记者朋友，带来那么多记者，在引领他们走进病房的时候，父亲指着我对他们说，这就是我的儿子，他还这么年轻，他的人生刚刚开始，希望你们能够帮忙宣传，希望有好心人给他捐骨髓。谁知有位记者忽然对他发问："既然你是他的父亲，你为什么不自己捐骨髓呢？"他一时尴尬地愣住，额头上冒出汗珠，结结巴巴地说："医生说我的不行……"

他的话让我的心蓦地往下一沉，他什么时候去做过配型试验？他怎么就说不行了？等记者散去后，我眼睛直直地望着父亲。他想躲避我的目光，却又无法逃开，最后像是下了决心，他坐在我的病床边，看了我一眼，又低下头去，期期艾艾地对我说，他去找过我的母亲，可惜母亲和我的配型不成功。本来他还想让她带她的另一个孩子来，但她拒绝了，一是怕让现在的丈夫知道她的往事和我这个隐藏着的孩子，二是那个孩子和我是同母异父，配型成功的几率更是渺茫。

"那你呢？"我突然的一句冷冷的话像颗子弹，准准地向他射去，他的脸部肌肉不禁抽搐了一下，有些颤抖地说："刚才不是说了吗，我的不行……"他把一碗鸡汤放在我的床前，我却用力一挥手，把碗打翻了。他瞪大眼睛看着我，欲言又止。

这就是我当年喜悦着迎来的亲生父亲吗？我开始冷漠对他。他有时叹口气。

也不知是不是老天有眼，医院竟然给我找到了适合的骨髓。他欣喜若狂。于是，又是每天的劳累，服侍着我，度过了手术的生死关，到我的病情稳定后，接我出院回到出租屋。在他的精心照料下，我的身体恢复了活力。当医生拿着化验单对我宣布，我的身体已经完全康复时，我激动不已，抱住父亲放声大哭。这是这么久以来，我第一次亲近他。

我又重新开始了学习。刚开始的时候，父亲还不放心，还想继续照顾我一段时间，但我心里却对他有了隔阂，父亲终于无奈地离开，说回天津去上班。

经过了生死的考验，重新体味生命的美好，我很用心很努力去学习，希望将来能找个好工作，尽快还了父亲为了给我治病欠下的十几万元债务。

那天，我到一家与我们学校合作的公司去取一个实验数据，竟然在公司的大堂里看到父亲拿着拖把在拖地。我大吃一惊。在我的追问之下，他才告诉我，因为要照顾我，长期离岗，他已经被公司毫不留情地炒了。年纪大了，暂时找不到好的工作，急着还债，他就先找了这份临时的工作。

我有些心酸，要求他回来和我一起住。他答应了。谁知那天晚上天黑了也没看见他的身影，却接到医院的一个电话，说父亲在做卫生时不慎滑倒，跌破了头，现在还在昏迷中。我赶到医院。医生说要输血。我马上挽起袖子对护士说："抽我的，我是他儿子！"

谁知道我的血一化验，护士却一脸狐疑地看着我说，你是他儿子？怎么血型一点也对不上？我蒙了，正在这时候，原来替我看过病的主治医生推门进来，一见我挽起的袖子，马上就明白是怎么一回事，转过头对我说："小伙子，我来告诉你是怎么回事吧。"

坐在父亲的病床前，所有的记忆像放电影一样在我的大脑中闪现，我这才明白，面前的父亲并不是我的生父，我的母亲当年和一个男同学保持着恋人的关系，怀孕后，那个男同学怕承担责任，就让她把这个黑锅扣在了父亲的身上。可惜那个男同学不久后在一次车祸中死了，所以也无法在多年后来挽救我的生命。而这些，都是在主治医师要求父亲给我配型时，父亲才对他说出来的。

父亲默默地承担下了这一切，也包括我对他深深的误解。

我的心如遭雷击，原来以为找到了生父，谁知道又不是。"你为什么不告诉我呢？"父亲醒来的时候，我既难过又愧疚地问。

"当时病痛已经把你折磨得很脆弱了，我怕再刺激到你，让你失去对生命的渴望……"

我抱住病床上的父亲，泪水一滴一滴掉在床单上……

（英　涛）

尽孝，切记"八不该"

孝敬老人是中华民族的传统美德，但在现实生活中却有这样一种现象：不论是不给赡养费的，还是与老人对簿公堂的，往往都是不孝有"因"，不孝有"理"，以致生出了"这样的老人不值得孝敬"之类的说法。那么孝敬老人是不是还要讲一定的"条件"呢？回答当然是否定的。有首歌唱道："爱你没商量。"而我们孝敬老人也应是"没商量"。笔者认为在孝敬老人方面有"八不该"：

一、不该因老人对自己爱得少而丧失孝心

电视上曾报道过这样一件事：一位父亲得了脑中风被人送进医院。老人病情稳定以后，生活不能自理。医院就按老人的意思把他送到儿子家，结果儿子说什么也不要；后来又送其到女儿家，女儿也不让进门。理由是：父亲早就和母亲离了婚，自小就没疼过他们。那么对这样的老人该不该孝敬呢？

古代有一个孝心感动天的故事：舜生下不久，母亲就去世了。不久父亲就又娶了一个妻子，舜很少得到他们的疼爱。由于继母总

在背后说舜的坏话，脾气糟糕的父亲就经常毒打舜。尽管如此，舜仍然仁慈宽厚地对待自己的父亲和继母。后来，舜被迫离家在历山开荒种地，但仍不忘父母。他的品行感动了上苍，天子将自己的女儿嫁给舜做妻子。舜为了侍奉父母，便带着妻子和财产回了家。但舜的父母仍把他看作眼中钉，几次想害死舜。舜仍不计较，而且对父母更加孝敬。在他的影响下，他们终于回心转意，一家人开始和和睦睦地生活。天子尧看准了舜的品格和为人，在舜50岁的时候，把天下传给了他，让他管理国家。

这虽是个传说，但它回答了对对自己爱得不够的父母是否也要孝敬的问题。父母生养了儿女，儿女就有了赡养的义务。既然是义务，就不能像买东西一样讨价还价。如果以怨报怨，不仅要受到社会舆论的抨击、法律的制裁，而且还要受到良心的谴责。反之，如果以孝报怨，孝心就会感动老人，孝名就会传遍人间。

二、不该因老人的一时错误而影响孝心

世上没有不犯错误的人，一般人都能原谅小辈儿的错误，而对老人的错误却难以接受。当父母有错误的时候，做儿女的如能"翻个儿"想一想，就不会再跟父母"较真儿""较劲儿"了。对父母的尽孝，有时就在于要认清自己的位置，即使完全是父母的错误，也要想：谁让他们是自己的老人呢？

前不久，《今晚报》上登了一篇《长辈面前低个头》的文章。作

者讲了自己的一次经历。母亲脾气暴躁，因为误会，不顾一切地当众跟儿子大闹了一场，让已为人夫为人父的他很丢面子。他回家后再不想去见母亲。可后来又想，难道等着母亲来拜访自己不成？于是，他就携妻将子去看母亲。母亲高兴得不得了，如此他们便和好如初了。经过这件事，他深有体会地说："'百善孝为先'，在两代人的争执中，无论做子女的有道理还是没道理，事后都要先向老人低个头，赔个不是，先让老人心平气顺才是。"有的老人会顾忌"面子"不肯轻易认错，这时就要儿女多一些担待少一些固执，多一些宽宏少一些计较。

三、不该因他人的干扰而忘记孝心

生活中还有因兄弟姐妹有矛盾而影响尽孝的现象。有这样一个案例：有一对父母看到儿子媳妇下岗后生活有困难，就把自家的饭店门脸让给儿子用。过了一段时间，女儿家也搬了进来，随后便发生了许多不愉快的事情，母亲因之一病不起。父亲为了晚年生活得平静，就让儿子一家搬出去，儿子认为事都是由姐姐一家引起的，应该搬的是她而不是自己，于是"就不搬"。父亲一气之下把儿子告上了法庭。人常说，顺者为孝。试想，如果他不受干扰，顺从父亲的意见搬出来，就不会闹到如此地步。老人将儿女拉扯大不容易，兄弟姐妹应比着孝敬老人，而不应因他人的行为而影响自己的孝顺。

四、不该因老人"偏心"而动摇孝心。

有些子女常因老人"偏心"而将其"踢皮球"。李娘有三个儿子，老大老二结了婚，在房改时，她就把房子给了小儿子，打算和小儿子一起住。小儿子结婚后，李娘因和儿媳合不来就搬了出来，想到那两个儿子家住。谁知两个儿子都不接纳她，说你把房给了谁就应跟着谁。弄得李娘有家难回、有儿难投。这样的事例在生活中屡见不鲜，有的因老人给某个儿女看了孩子，没给自己家看而不管老人；有的因财产分配不"均"而不管老人……他们都苛求老人要把"一碗水端平"，但现实生活中谁都不可能做到完全公平，要真正孝敬老人就应该将这些抛开。俗话说："谁孝谁带着。"索取得少而贡献得多不正能表明一个人的孝心吗？

五、不该因老人久病不愈而减少孝心

"久病床前无孝子"，这是人们常说的一句话。的确，对久病的老人一如既往地尽孝往往是考验孝心的时候。天津宁河县有一位好儿媳苏希霞，她为了伺候卧病在床20年的老公爹，付出了常人难以想象的艰辛。从嫁到丈夫家那天起，她就像亲闺女一样精心照料公爹。为老人做新被褥、新棉衣，把土暖气安在老人床边，一日三餐，她要一勺一勺地喂，因老人不会下咽，得把饭送到靠近喉咙的地方，一不小心送深了，老人就粘痰、唾沫地一起往外呛，每当这时，她总一点一点把呛出来的饭菜擦干净，然后再喂。老人大小便经常失禁，她就为老人及时换洗，冬日里她的手常常冻出血口子；夏天，她不厌其烦地为老人擦身洗澡。20年如一日，她毫无怨言。每逢有人来，老人都要竖起大拇指说："没有希霞的精心伺候，我早就死了。"好媳妇带出了好家风，苏希霞的两个儿子，每天回家都先要到爷爷的床头看望，帮妈妈干活儿，有好吃的先送到老人面前。做儿媳妇的能如此尽心尽力地孝敬公爹，怎能不叫人称颂呢？

六、不该强调自己的客观条件而抛弃孝心

有人把经济条件差、工作忙或身体不好等等作为不尽孝心的理由。其实，这都是借口。7岁丧父的少年隆求喜靠乞讨来奉养母亲，他没有因"家贫"而不孝；一位90岁的白胡子老人为113岁的母亲梳头洗脚，他没因自己"老"而失去孝心；许世友将军亲自为老母端汤喂药，他没有因自己地位高而不再侍奉老人；高考是人生的转折点，可前不久北京的一个叫颜婷的女孩，在面临高考时因母亲得了败血症住进了医院，她就整天陪伴在母亲身边伺候母亲，父亲劝她回学校复习，她怎么也不肯，她说，影响了高考今后我还有机会再考，可母亲如果去了，自己就再也没机会伺候了。以上这些人都没有因自己的客观条件而影响尽孝。事实上，越是条件差，越能见孝心。

七、不该因老人的条件好而削弱孝心

也许有人会说，有因老人经济条件不好而不孝的，哪有因老人条件好而不孝的？事实并非如此，有些老人生活上很富有，缺的却是儿女亲情。"我老子的钱多的是，用不着我们进贡，他家有保姆，用不着我们伺候。"有些子女这样说。这种理论是站不住脚的，钱和孝心有密切的联系，但给钱不是尽孝的唯一方式，而不管保姆怎么精心伺候，也代替不了儿女的孝敬。这样的老人往往"不图儿女为家做多大贡献"，只要孩子们能"常回家看看"，老人们就会感觉到一种被人牵挂的幸福。

八、不该因老人离异或再婚而剪断孝心

前不久，一个在医院工作的朋友给我讲了发生在他们医院的两件事：一位老教师患病住进了医院，陪床的只有他的老伴。没多久，老伴也累得病倒了。医生原以为他们没有子女，经询问才得知，他们是不顾子女的反对前不久才结合在一起的，从他们结合那一刻起，双方的子女就再未登过他们家的门，医生打电话要双方的子女来照顾几天，结果他们都推三推四说有事不能来。老人为此很伤心。

而因乳腺癌住院的张姨却是另一种情况。她是在晨练时和王师傅认识的，王师傅的儿女见他们很合得来，就主动给他们撮合。但张姨说，她还有一位90岁的老父亲需要她照顾。儿女们说，等成了

一家人，互相照顾更方便。于是就给父亲准备婚事，父亲高兴得合不拢嘴。谁知没过多久，张姨就住进了医院。王师傅的儿女们就自愿担起了照顾张姨和她的老父亲的责任。为她支付医疗费，轮流进行看护，儿媳妇为她做可口的饭菜，不管天气好坏她都会骑车送到病人身边，比亲生儿女照顾得还周到。张姨感动地对人们说："就是自己亲生儿女也难做到啊！"

这两个故事，前者遭到人们的谴责，后者得到的是人们的赞扬。原因就是，前者的子女没有为老人着想，认为父母在他们不同意的情况下再婚，就不再是自己的父母；而后者是顺着老人，把老人的快乐当作自己的快乐，孝敬了老人所爱的人，也就是孝敬了自己的老人，所以，得到了世人的称赞。

"不该"的内容很多，总之，孝敬老人是我们义不容辞的责任，尽管孝敬父母的形式随着时代而变迁，但孝敬老人的优良传统却应一代代传下去。因为每个人都有老人，每个人都会变成老人，从孩子身上可以看到自己的过去，从老人身上可以看到自己的未来。只有我们时刻不忘父母的养育之恩，时刻尊敬他们爱护他们，中华民族孝敬老人的传统美德才能发扬光大。

（孙玉茹）

友情无价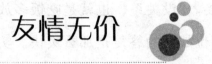

所以要写这个题目，是因为我曾经历过一段难忘的故事。

那还是四年前的事。即将高中毕业的女儿宁宁准备报考北京一所大学的美术专业。尽管她自幼喜爱美术，可素描、速写的功夫并不到家，甚至可以说离考学的距离还很大。好在她的文化课学得不错，报考美术专业优势很大。于是，在离专业课考试还有一个多月的时候，朋友提出建议：放下文化课，到北京高校办的美术专业考前辅导班专门突击学习素描和速写。

决心下定，说办就办。女儿向学校请妥了假，由妈妈带着去了北京。找好了住处也找好了辅导班，转眼一周的时间已经过去。我爱人有工作，不能长时间在北京"陪读"，而要将女儿放在北京，我们又放心不下。左右为难之际，我提出将女儿放到我的一位战友家。

说"一位战友"，不够确切，实际上，应该是两位战友才对。他们是一对夫妻，都是我当年下乡时的兵团战友。女的是我一个股的同事，男的是我的战友兼天津老乡。不仅如此，他们也有个女儿，名叫林林，与我女儿同龄，同为高三学生。说实在的，我这个人是万事不求人的主儿，如今情况紧急，为了心爱的女儿，不得已，只好动用这"铁打的关系"了。

一说即妥。"没关系，也就是吃饭多放双筷子的事，你们放心就是了。"两位战友的答复是那么爽快。实际上，自从宁宁到了他们家，远远不是什么"吃饭多放双筷子的事"了。每天早晨，她要跟人家全家人抢时间；晚上，她要跟同样面临高考的小姐姐争桌子。这还不算，平时都凑在一起的时候，她还要和小姐姐争"妈妈"——宁宁过去没离开过妈妈，现在妈妈没在跟前，便老是跟在林林妈妈的后头，"阿姨、阿姨"地叫个不停，倒显得林林像个没妈的孩子，把个林林弄得心里酸溜溜的很不是滋味儿。

还有更糟心的事。大年三十的晚上，战友突然打来电话，说是宁宁不见了，问我们知不知道消息。我当时就吃了一惊，但又怕给他们造成更大的心理压力和精神负担，赶紧说："不要管她，她已经熟悉了那里的环境，不会丢的。"话是这么说，孩子不见了，哪个做父母的不担心？更何况受了莫大的信任和委托照料别人家的孩子了。到吃年夜饭的时候，北京又打来电话，宁宁还是没回来，而且没有打招呼。在通报消息之后，甚至向我们询问：最近宁宁在电话里有没有对我们不满意的言语和表示？不用说，宁宁的失踪把这两口子急坏了，甚至连离"家"出走的可能都想到了。下半夜1点多钟，宁宁终于给叔叔阿姨挂去电话，说是去看望一个住在旅店的家乡哈尔滨的同学，同学的母亲也在，硬要她留下来吃年夜饭——这不懂事的孩子，她叔叔阿姨这个年全让她给搅了！

宁宁在北京一住就是四十余天，后来终于考取了北京一所大学的设计艺术系。我自然高兴，但也深深地意识到：我欠下了战友一笔老大不小的人情，从此，也便自然而然地背上了不可名状的"人情债"。

欠债要还，天经地义。于是我便寻找一切机会还债。我利用送女儿到学校报到的机会，给战友挂了电话，约定第二天去他家看看。接电话的是林林妈妈，开始她还痛快地答应，并商量具体的时间，可说着说着，突然口气一变："对不起，我忘了林林她爸爸说好明天去天津爷爷家。我们找机会再见面吧。"这一次，别说还人情了，连人的面儿都没见到。

过了两天，恰好是星期天，我挂通了电话，怕再受到阻拦，干脆只告诉："我们一小时之后到你家。"不由分说，就把电话撂了。心想，我们大老远地去了，你还能让我们吃"闭门羹"啊！您说怎么着？我的这两位战友那真叫绝，人家干脆给我们演了一出"空城计"。敲门没人应，打电话也没人接。不用说，显然是有意躲开了。结果，害得我们一家三口人在楼下干站了半个多小时。

不久，我出差去北京，工作之余又给战友挂了电话，约时间去家里看看。这回接电话的是林林爸爸——一个"十分狡猾"的家伙。他说："现在有几个亲戚住在家里，人多，天又热，来家里不方便。反正你出差的机会多，等下次的吧。"

怪事，过去可不是这样啊。为什么老是推三阻四地不让我去他们家呢？即便真是不方便我去，难道到旅店来看我也不方便吗？显然是托词。难道，是我有什么地方做得不对，让他们生厌了吗？似乎还不至于。又一想，原来如此：是怕我"还债"呀！乖乖，早我怎么就没有想到这一层呢！

事情到了这种地步，我的心里很不是滋味。本来是非常要好的朋友，如今因为有了这么一笔人情往来账，反而弄得生疏起来，甚至连个面儿也难得相见。这是何苦呢？再想想自己，确实也有唐突的地方。我到了北京，急着见他们，言谈话语间有意无意地暴露了"还债"的意图，而这意图又被"狡猾"的朋友看破，于是就千方百计地对我加以防范。可真要细想想，我用什么来还呢？是我准备下的那几千块钱？还是用钱变换成的相应的礼物？大概都不大合适。他们夫妻俩不但都有工作，还都是公司或商场的负责人，那种忙劲儿就不用说了。更何况他们还有一个面临高考的孩子。收留我们的女儿，要管她吃、管她住、管她的冷暖、管她的安全，得操多大的心啊！万一有点儿什么闪失，出点儿什么岔子，得负多大的责任！这一切，是几千块钱能换得来的吗？再说了，我急急忙忙地把钱送出去，好像就能把双方的人情债抹平了。或者说，这一段的历史就这么抹掉了、了结了。这可能吗？现实吗？反过来，替我的战友想想。他们的付出，他们承担的那些义务，为的啥呀？是为了图那几千块钱的酬谢或者是回报？我知道，他们俩的收入都很高，并不缺钱。可以做这样的设想：一个陌生的人出资一万元让他们带一个月孩子，他们肯定不会答应——他们没有足够的精力，也没有那种兴趣。他们所以毫不犹豫地答应了我们的请求，除了战友的情谊使然，再也找不出其他的原因来了。如今，我要把友情拿来换钱，我的战友怎么能答应呢？

于是，我再一次拨通了电话，干脆把"窗户纸"捅破："你躲着我不见，不就是怕我还债吗？用不着怕，我不还还不行吗？你放心，我到你家去，别说钱，就连一颗瓜子都不带去。这下行了吧？"这一招儿真好使，我们双方的"友好往来"即刻得到了恢复。直到今天，宁宁大学都快要毕业了，我对战友也没有过任何的表示，而我们之间的友谊不但没有丝毫的减弱，反而更加深厚了。当然，这种结果的出现，可能与战友的性格和心胸有关，但我想，真正的朋友就该是这个样子。

这件事，给了我许多的思考：

友情这东西，是建立在相互信任、相互理解基础之上的精神财富，不是靠"礼尚往来"之类的物质交换能够产生和维系的。既然如此，何必那么急急忙忙地"送礼"，又那么急急忙忙地"还礼"呢？"酒是醇的香，情是老的浓"。让本来可以变得醇厚的友情当成现兑现喝的酒，说轻点儿，是对友情的不恭；说重点儿，是对友情的亵渎。

友情是珍贵的，我们对它应该给予更多的珍重才是。假如我们真的是在注重友情，那么，就该把那份真情藏在彼此心中，无论什么时候想起，都是永不褪色的美好回忆。这，难道不是更好吗？

我甚至产生了这样的怀疑，朋友之间那匆匆忙忙的送礼还礼并不是什么好现象：礼还上了，也就意味着不再欠人情了，如果没有下一次的送礼，这友情还存在不存在了？更让人猜不透的是：看看向朋友还礼的那种迫切劲儿，是还了这笔"人情债"就有了可以同朋友平起平坐的本钱了呢，还是从此有了随时可以同朋友断交的理由？

友情是弥足珍贵的"金不换"，既不能以物换，更不能当钱花。当然了，把礼物当"情"送，将金钱当"情"还，无论那礼物多么厚重、那金钱数额多么可观，都绝不是友情的象征。

（郭庆晨）

欣然领情是美德

　　天上下着很大的雨，不巧的是这天我们夫妻两个都忙，没有按时回得了家。邻居家女主人在接自己孩子时，也顺便将我们孩子"捎"回家，还安排孩子在她家吃晚饭，我们深感被关爱的温暖。我家的电视机坏了，邻居家的男主人正好在电视机厂维修部上班，他主动帮我们把电视机修好。虽然妻子付了换零配件的钱，但我们还是感激不尽。像类似这种事，还碰到过许多次。总之，只要有什么困难，他们总会乐于给予热情帮助。

　　为了表达这份感激之情，我和妻子专程去拜访，还带了礼品。没想到邻居夫妻见我们拎着东西到他们家去，显得满脸的不高兴。"如果你们常来坐坐，我们会很乐意。可是，带东西来就显得见外，这让我们有些消受不起。"我们反复解释说并没有其他什么意思，只是略表心意而已。可他们死活就是不肯收受。我有些不满地说："真累，我们又不是给你们行贿，又有什么关系？"说完，便放下东西就走了。没想到，过了没多久，邻居家的孩子又将东西退了回来。我们有些不大明白，也不免有些伤感：为什么他们就不能大大方方地将东西收下来，非得要我们有一种负重感不可呢？

后来我们才明白，邻居家认为我们带东西是为了还人情债的。如果那样的话，他们觉得这反而把他们乐于助人的义举贬低了。我们万没想到，好意被误解，恰恰是我们在伤害他们了。显然，我们在潜意识中以为自己带点东西就足以偿还他们的热情。这下，我们终于恍然大悟，不能欣然领情的倒是我们自己。我们无意中是在向他们表示：将东西收下吧，收下了，就不再欠你们的情了。

其实，细想想又何止如此？不说别人对我们生活上工作上的关心，就是连别人给予我们一些赞美之词，通常也是不肯轻易受领的。别人对我们的赞美，只会引来我们的谦虚，只会引发否定自己的本能。不是吗？每每如此，我们总要滔滔不绝地雄辩一番。

我常有文章在报刊发表，所以在朋友圈子里似乎还小有名气。可是，我的谦虚也会引来别人的不开心。那天，一个朋友兴冲冲地拿着一本杂志跑来对我说："你这篇文章写得真棒！"说实在话，我对这篇文章的确也很满意。可是，我嘴中说出来的话却是这样的："那不过是写写玩玩的小玩意罢了。这并没有什么了不起，我只是把平时在头脑中的一些胡言乱语，随便地用一些文字作了一番表述而已。"殊不知，这篇文章我可是花费了很大的功夫，精心修改达10次之多。可没等我把话说完，朋友的脸就沉了下来，对我说的这番话竟生了气。而令我费解和感到委屈的却是：我谦虚一下又有什么错？难道我还想以贬损自己为乐不成？真是的！你又犯得着那样气冲冲地扬长而去吗？后来我才知道，朋友是因为我对他给予的赞美的不屑一顾的态度让他失望和痛心。"你是怎么啦？"他后来对我说，"每次有人称赞你，你老是唱反调，难道你不能道声谢谢后闭上嘴巴？"

想想也是，如果有人赞美我今天的着装很有特色，我一定会"谦逊"地告诉他，那衣服是别人不愿穿的，我无非是从旧货市场上"捡"了些廉价货而已。当别人赞美我穿的皮鞋很漂亮，我就会大谈特谈自己的大脚丫有多丑陋。我会告诉他们再好的鞋子到了我的脚上也会显得浪费。显然，我说的话谁也不会相信，除非他是个傻瓜。因为，我的这身衣服在时下正是很流行的。的确，为了参加这次聚会，我可是刻意地作了一番装饰打扮，花了大价钱才买来这套行头的。

为什么我们总是那么不愿意欣然地领人家的情呢？

不相信别人会有真情，所以不敢领情。我有个朋友既有礼貌，又有才华。虽然他永远在追求，永远在恋爱，却始终找不到合适的终身伴侣。因为，每当他所追求的姑娘也开始向他表达自己的爱情时，他又马上会打退堂鼓。为什么？他对自己没有信心，故而也就不敢轻易相信对方会有真情："她那么容易到手，那么轻易地就接受了我的爱，是不是她有什么难言之隐而低就，或者有什么不可示人的目的而'将计就计'呢？"

为了不欠别人的情，所以不愿领情。林月待人的礼数不可不谓周到，她每次到朋友家串门，总忘不了要带一些礼物什么的。她之所以要这样做，为的是以自己的给予而授惠于人，为的是在感情上获得优越感而使自己站到高处。可在另一方面呢，当别人带着礼物去她家还之以情时，她却又总会找些理由来婉言谢绝。若带的礼品贵重，她便会说："太见外，俗气！"若带的是些苹果之类的物品，她就说："我们家的水果坏了都没有人吃。"若是带一束鲜花什么的，她又说："我们家从不摆花，难得有这个品味。"为了保持所谓的自尊，林月总是这样千方百计地做一个施与者，却从不愿意做一个受与者。

生怕不能给予相应的回报，所以不肯领情。小的时候，我们家率先买了一台黑白电视机。一位家境不太好的邻居却是个电视迷。他常到我们家来看电视，每次总要等到屏幕上出现"再见"他才离开。有时我们一家都想早些休息，但碍于面子，总得有人陪着他。可没想到的是，这位邻居走时总喜欢来上一句："现在的电视简直是一塌糊涂，幸好我家没买电视。"可是到了下一天，他又准时地坐到我们家的电视机前，当起了"热情的观众"。邻居抵受不住电视的诱惑，却又不敢大大方方地享受这份乐趣。他之所以在最后要说上句把让人"扫兴"的话，无非是不想承认欠了人家的一份情，因为这于他来说毕竟是无力回报的。

其实，欣然领情又未必不是一种做人处世的美德。在我们大大方方地领情的同时，也给予了对方精神上的满足。欣然领情，表示着我们不再是无求于人的英难好汉，承认别人有能力给予自己所需要的；欣然领情，告示了我们有勇气露出自我中最脆弱的一面，同时也有一份乐于接受别人的自信和坦然；欣然领情，即是在营造一种礼尚往来的人生意境，表白出欣然施与和乐于受与的潜意识。

不过，真正地让我在领情问题上深受教育的，恐怕莫过于后来所遭遇的两件事。

办公室里的一位女同事想了许多办法努力减肥。春节以后，当我感觉到她的轻巧时，便说："你的新式减肥很有效果，看上去比过去苗条了许多。"没想到她竟这样回答我说："你别让我再难堪啦，我知道你真正想说的意思是：你怎么像个猪一样越长越肥呀！今天要不是因为我穿了直条纹的衣服，看上去显得略瘦些的话，真不知道会怎么让你笑掉大牙。"她的抢白，可把我噎得半天没说出话。

我在出席一个聚会时，女主人正在布置舞会，她需要找人写个横幅。女主人在众多的客人中一眼看中了我，她笑盈盈地对我说："今天可是非你莫属，我们的大文人。"她边说着边给我递过来纸张和笔墨。我反复推托说："我写文章也许凑合，但写毛笔字的确不行。"无论我怎样解释，她就是不肯相信，非坚持要我来"题词"不可。她还开玩笑地对我说："我不仅喜欢你的为人，同样我也很喜欢你的字。你是不是不屑于露一手？"在她的"激将"之下，我没有退路，只得硬着头皮写横幅。当我的字一写完，大家都鼓掌恭维说："能写出这样的好字，还谦虚？"我连说："谢谢，谢谢。"可没让我领情多久，难堪的事便发生了。一个客人一脸不屑地大声嚷嚷："这种字？我的孩子也写得出！"那客人边说边将纸笔从桌子上拿来，叫身边的儿子："来，露一手给叔叔阿姨们看看！"孩子更是一脸的兴奋和天真。说实在话，孩子的字写得虽有些幼稚，倒也有些功力。显然，孩子是参加过书法训练的。孩子的母亲得意地嚷道："这才真正的叫做不错哩！"母子俩的即兴"表演"，让大家面面相觑，都往女主人脸上看，大概是看她有什么反应。紧接着大家又向我行"注目礼"，你能想象得到当时我是多么地狼狈。无疑，孩子母亲的话既让我下不了台，也让女主人感到很难为情。

当我给人以情时却遭别人无礼反驳，当我受人以情时却遭别人公然"阻击"，通过这两件事的"洗礼"，更使我真切地感悟：欣然领情和欣然让人领情，是一种美德，是一种对人格的尊重和赞赏。

（张石平）

你这个爱惹事的小老头

（一）

父亲又惹事了，当他在电话里支支吾吾地说他正在市委大院外，有事要我帮忙时，我便知道，这个极爱惹事的小老头儿准又遇到麻烦了。

果然。父亲供职的那家煤厂的车因严重超载被市交警大队扣了，厂长找到父亲，二两老白干儿下肚，父亲便自告奋勇地到市里来要车了。

"你给大春打个电话，让他通知手下的人对我们煤厂的车睁一眼闭一眼，怎么说他也是个大队长，这点儿光咱还沾不上啊？"父亲振振有词。

"爸，你没事儿在家待着比啥都好，老招事儿惹事儿的干吗？你以为交警大队是咱家开的小卖铺哇，想怎样就怎样了？"我苦笑着，想冲老头儿发火却又不忍心。

老公在市交警大队当队长，本来这一职位根本算不上什么官儿，可父亲却把自己当成了全市人民的皇亲国戚，十里八乡谁有个什么事儿只要求到父亲头上，父亲没有不应允的，尤其是涉及交通方面的问题，父亲更是大包大揽，那架式俨然一副把交警大队当成自家的模样，为这没少让我们为难。

父亲自己好面子揽下的事，却要我去塞面子解决，着实让人恼火，可看着老头儿那副无所适从的样子，我又不忍心撒手不管，毕竟，在这个有着上百万人口的城市里，除了我，他还能去找谁？

我极不情愿地带父亲到交警队里去要车，扣车的人和我很熟，这回我没想着走后门，我对办事员说："如果不想让我家后院起火，就该罚多少罚多少。"办事员笑了，极给面子地只开了张200块钱的罚单，我从包里掏出两张百元大钞递了过去。

走出交警大队的门，父亲乐颠颠地跟在我身后，小心翼翼地问："这钱你回去能报销吧？"

我皱了皱眉头："如果我妈愿意，或许我可以考虑去她那儿报销！"

老头儿顿时就噤了声。

（二）

带父亲回家，住了一夜，整理好给母亲买的药和一些吃的，让父亲回家时带上。第二天一大早，送他到车站上车。

看着父亲瘦削的甚至有些佝偻的背影消失在月台上，我的心忽然就涌起一股酸楚。迷蒙中，我仿佛看到年轻力壮的父亲向我走来，伸出他那强有力的臂膀，把我们姐弟三人挨个抱起来抡圈儿，然后看着我们故意夸张地做晕头转向状满足地笑着。

父亲是个要强的人，那些年在生产队里也是个能文能武的抢眼人物，无论是犁地、割麦、掰玉米还是开拖拉机、打算盘，父亲样样精通。那个时候，父亲一直是我们姐弟三人的榜样，动不动我们便脱口而出长大后要像父亲那样如何如何，尤其是在亲戚朋友面前提起父亲时，更是一脸的骄傲。

如今，那个儿女以父亲为骄傲的年代已经成为过去，取而代之的，是孩子们成了父亲的骄傲。然而像所有不甘退出生活舞台的人们那样，父亲并不想在他只有57岁的生命里便去过颐养天年的生活，他依旧像根燃烧的蜡烛，努力释放着生命里仅有的一丝光芒。

（三）

春节刚过，我正忙着看上面刚发下来的文件，母亲打来电话，带着哭腔儿说，父亲不知干了什么坏事，被公安局抓走了。

我不知发生了什么，一边安慰母亲别着急，一边驱车往家赶。

回到家，从母亲断断续续的诉说里，我才明白，父亲被一个远房亲戚拉去搞传销，在一户人家听课时被公安局抓走了。

马不停蹄地，我四处打电话联络，终于在天黑前把父亲弄了回来。

劫后余生般，母亲一把鼻涕一把泪地数落着父亲这些年惹下的事端，埋怨父亲是如何不听劝说、执意东一榔头西一棒槌地乱糟蹋钱，直到这时我才知道，父亲这些年竟然还给福建寄钱买过什么飞行器、跑到河南去学过什么仙人掌种植。

"你还有完没完了？"父亲蹲在枣树底下一根接一根地抽烟，起初一句话也不说，直到见母亲絮絮叨叨地说个没完，这才忍不住冲母亲吼了起来。

"我说错了么？我说的哪句话是撒谎来着，哪件事不是你一手操办的，你做了还不让别人说说么？"见父亲发火儿，母亲也来了脾气。

"我出去做事是为了挣钱养家，又没老到动不了靠儿女接济过日子，你拉得下脸来我还拉不下脸呢。"

父亲哽咽了，使劲用手抹了一把脸，把头扭向一边。

我的心忽然就抽搐了一下，那一刻，我清楚地看到父亲眼里的泪。

曾经，我天真地以为，自己现在有能力养活父母了，自己每月给家里的钱足够他们生活了。事实上，我给予父亲的，只是我认为他需要的东西，而我却忽略了父亲的感受，忽略了他作为一个父亲的自尊。

（四）

秋天，老头儿又惹祸了，冲击国家公职机关，不成，急火攻心，晕倒在地。

因为我。

早在春天尚未结束的时候，我的婚姻便走到了尽头，那个有着12年婚龄、在日复一日锅碗瓢盆的琐碎里厌倦了的男人，义无反顾地奔向了一份鲜嫩的爱情。

虽然有着满腹的委屈，但我还是平静地接受了这一切。

我拿了离婚证轻描淡写地和老头儿说了这事，他不干，要去拼命，被我拦下。这件事便一直在他心底发酵，耿耿于怀。

终于，积蓄的愤怒在半午后爆发，听到那个男人升了职，父亲怒气冲冲地找到那男人的单位，质问领导为什么一个抛妻弃子、道德败坏的人却还照样可以被委以重任？他的大嗓门儿，他的关于党性原则的长篇大论，惹来人群的嘲笑。他又羞又气，两眼含泪，浑身发抖，气急败坏地奔到那男人的办公室，要打他，被保安强行拖离，急火攻心，昏了过去。

得知消息，去医院看他，父亲醒来的第一句话竟是："丫头，我又给你惹祸了。"像个做了错事的孩子般，父亲怯怯地不敢用正眼看我，我知道，他生怕自己草率的举动会让我丢脸。

我笑着，漫不经心地说，"你是个爱惹事生非的小老头儿，我早习惯了"。说完，借着给他看挂在输液瓶上方的点滴单的机会，我使劲昂起头，不让眼泪掉下来。

见我不说话，他低低地说："你要不要再争取一下，我看大春对你还是有感情的，刚才我晕倒的时候，大春跑过来抱住我，一声接一声地喊爸，脸都哭花了。"

我无语，扭头去看别处。

早在一个月前，当那个男人深夜在楼下的草坪上喝得酩酊大醉时，我便知道，他后悔了。杨柳岸晓风残月的妩媚温柔终是无法代替日久天长里的爱与习惯，当他终于明白生命里那份茅檐低小的简单快乐不是任谁都能给予时，他亦知道，自己早已用当初离开时那一幕决绝的背影，斩断了与我一生相守的情缘。

我用手轻触父亲干枯的手，幽幽地说："老头儿，我的事我自己来吧，别再给我惹事了成么？"他点头称是，可我知道，他言不由衷。

我知道，未来，他肯定还会给我惹事——他好面子，凡事只要有人求到头上就算两肋插刀也要帮人家一把；他自尊，只要身体还允许便不想成为儿女的负累；更重要的是，他是父亲，在他的眼里，我是他羽翼下永远没有长大的孩子，他爱我，胜于一切……

（一抹纤尘）

我相信我会幸福的

那是一个怎样的女孩，让我些许麻木的心灵受到了震撼，仅仅是因为她的外形，她的声音，还是……

选秀节目现场，出现了一个女孩。23岁，身高1米28，穿着粉红色的连衣裙，脸上是自信甜美的笑容。如此的袖珍，如此的惹人怜爱。音乐响起，灯光暗去，唯美的童声演唱起歌曲《萤火虫》，让全场如痴如醉。

由于身患侏儒症，从五年级以后，女孩就再也没有长高过。这给她的生活带来了诸多不便。比如打车时，出租车都不会停下来。因为那些司机就会想：这么小个孩子，坐车哪有钱？然而女孩克服了重重困难，成为了北京皮影戏艺术团的一名皮影戏演员。女孩说，我觉得《萤火虫》写的就是我，虽然小，也要努力绽放光彩。而面对未来，面对人生，面对别人的同情抑或怜悯、欣赏还是赞扬，女孩只是淡定而又自信地回答："我相信我会幸福的！"

记不起有多久，没有这样感觉受到触动。好像我们一直不满足，一直在抱怨。千辛万苦找到份工作，又说上班的心情比上坟还要沉重；勤奋耕耘换来名利双收，又觉得钱财生不带来、死不带走，恨不得挖个兵马俑来存放才安心；耐心教导子女成才，又因为孩子没有进入重点学校重点班而愤愤不平。我们看似身心健全，但是又有几个人能有袖珍女孩那样的豁达和洒脱。越是沉溺于幸福，就越不能自拔，越变得脆弱，早已没有淡泊悠然的初心。

只是我们不知道，当我们怀着某种虚幻愿望，极力想在生活的秋千上，荡到生命的最高处，最终回到的，往往还是它原来的位置。

莫听穿林打叶声，何妨吟啸且徐行。

捷克作家米兰·昆德拉在他的小说《玩笑》中说：受到乌托邦声音的诱惑，他们拼命挤进天堂的大门，但当大门在身后砰然关上时，他们发现自己在地狱里。生活有时就是这样的黑色幽默，让渺小的人们难堪无助。当我们已经习惯了本应朝气蓬勃的年轻人因为高考落榜而自杀的新闻，当我们已经麻木了本应花枝招展的少女因为情感问题而服毒的消息，当我们已经熟悉了本应阳刚帅气的少年因为追求流行而开始走颓废路线的现象，女孩的那句"我相信我会幸福的"又熄灭了多少人经久不灭的怒火，唤醒了多少人本该彰显的斗志，点燃了多少人沉睡已久的激情。

眼中有泪，心中才有彩虹。

无须推窗邀月的情怀，不必把酒临风的洒脱，内心的突围和振奋有时只在一个念想，只在一瞬。桃花谷中只有平凡的农夫，香格里拉亦无光辉的岁月。在磨难和不幸中依然心存希望和感激，那么纵使只有竹杖芒鞋，亦可一蓑烟雨任平生。或许正如卡夫卡说的那样，我们可以用一只手拨开笼罩命运的绝望，一只手匆匆记录下所看到的一切。

华丽转身。回首向来萧瑟处，归去，也无风雨也无晴。

（刘　悦）

人生的两个关键值

　　以我看，人生无非就是两个词；"放下"与"执著"。比如我有几位老友，不常见面，见了面总劝我"放下"。放下什么呢？没说，断续劝我："把一切都放下，人就不会生病。"从那劝导中我听出了一个逆推理：你之所以多病，就因为你没放下。逆推理中又含了一条暗示：我为什么身体好呢？全都放下了。

　　所以，放下什么才是真问题。比如说：放下烦恼，也放下责任吗？放下怨恨，也放下爱愿吗？放下差别心，难道连美丑、善恶都不要分？总不会指着什么都潇洒地说一声"放下"。当然，万事都不往心里去可以是你的选择，你的自由。但人间的事绝不可以是这样。也从来没这样过。举几个例子吧：是执著于教育的人教会了你读书，包括读经；是执著于种田的人保障着众人的温饱，你才有余力说"放下"；唯因有了执著于交通事业的人，老友们才得聚来一处喝茶。若无各门各类的执著者，咱这会儿还在钻木取火呢，还是连钻木取火也已经放下？

　　错的不是执著，是执迷。"执迷"是指异化、僵化、固步自封、知错不改。何至如此呢？无非"名利"二字。但谋生，从而谋利，只要合法，就不是迷途。名却厉害。温饱甚至富足之后，价值感，常倒把人弄得颠不知所归，其实也是在谋名了。价值感错了吗？人要活得有价值，不对吗？问题是，在这个一切都可以卖的时代，价值的解释权通常是属于价格的；价值感自也是亦步亦趋。

"执著"与"执迷"不分，本身就是迷途。这世界上有爱财的，有恋权的，有图名的，有什么都不为单是争强好胜的。人们常管这叫欲壑难填，叫执迷不悟，都是贬意。但爱财的也有比尔·盖茨，他既能聚财也能理财，更懂得财为何用，不好吗？恋权的嘛，也有毛遂自荐的敢于担当，也有种种"举贤不避亲"的言与行，不对吗？图名的呢？雷锋及一切好人！他们不图名？谁愿意说他们没干好事，不是好人？不过是不图虚名、假名。争强好胜也未必就不对，阿姆斯特朗怎么样，那个身患癌症还六次夺得环法自行车赛冠军的人？对这些人，大家怎么说？会说他执迷？会请他放下？当然不，相反人们会赞美他们的执著——坚持不懈、百折不挠、矢志不渝，都是褒奖。

老实说，我——此一姓史名铁生的有限之在，确是个贪心充沛的家伙，天底下的美名、美物、美事没有他没想（要）过的，虽然我并不认为这是他多病的原因。不过，此一史铁生确曾因病得福。21岁那年，命运让这家伙不得不把那些充沛的东西——决不敢说都放下了，只敢说——暂时都放一放。特别要强调的是，这"暂时都放一放"，绝非觉悟使然，实在是不得已而为之。先哲有言："愿意的，命运领着你走；不愿意的，命运拖着你走"。我就是那"不愿意"而被"拖着走"的。被拖着走了二十几年，一日忽有所悟：那21岁的遭遇以及其后的二十几年的被拖，未必不是神恩——此一铁生并未经受多少选择之苦，便被放在了"不得不放一放"的地位，真是何等幸运的事情！虽则此一铁生生性愚顽，放一放又拿起来，拿起来又不得不再放一放，至今也不能了断尘根，也还是得了一些恩宠的。我把这感想说给某位朋友，那朋友忒善良，只说我是谦虚。我谦虚？更有位智慧的朋友说我：他谦虚？他骨子里了不得！这"了不得"，估计也是"贪心充沛"的意思。前一位是爱我者，后一位是知我者。不过，从那时起，我有点儿被"领着走"的意思了。

如今已是年近花甲。也读了些书，也想了些事，由衷感到，尼采那一句"爱命运"真是对人生态度之最英明的指引。当然不是说仅仅爱好的命运，而是说对一切命运都要持爱的态度。爱，再一次表明与"喜欢"不同，谁能喜欢坏运气呢？但是你要爱它。就好比抓了一手坏牌，你骂它？恨它？耍着赖要重新发牌？当然你不喜欢它，但你要镇静，对它说是，而后看你如何能把这一手坏牌打得精彩。

所以，既得有所"放下"，又得有所"执著"——放下占有的欲望，执著于行走的努力。放不下前者的，必至贪、嗔、痴。连后者也放下的，难免还是贪、嗔、痴。看一切都是无意义的人，怎么可能会爱命运。不爱命运，必是心里多有怨。怨，涉及人即是嗔——他人不合我意，涉及物即是痴——世界不可我心，仔细想来，都是一条贪根使然。

（史铁生）

孝心也是一种力量

对这个道理有切肤之感，是在走过了30多年人生路程之后。

父母生在旧中国。母亲3岁时，患了一种在今天看来很普通的疾病，却到了奄奄一息的地步，好在"大难不死"。

在我3岁时，父亲因灾荒和病患，不幸去世。年仅33岁的母亲又当爹又当妈，拉扯两个儿子一直奔到今天，已是年近七旬。

母亲一生多难，老来倍感欣慰和满足。"儿子、儿媳都很孝顺，这辈子也不枉活一场。"这是母亲发自内心经常向他人说的一句话。我们觉得，做儿女的，在现在条件下尽力为一生辛劳的老人，创造一个晚年生活的幸福环境，是理所应当，人之常情。而我们能做到这一点的一个重要因素，是得力于"孝心"注入给我们人生的巨大力量。

孝心源于苦难

父亲去世于1962年。为了父亲的嘱托，母亲在巨大的精神痛苦和生活磨难面前，没有扔下两个孩子另寻出路，而是发誓要与他们相依为命，把娃儿拉扯出来，培养成材。哥哥上小学交不起4元钱的学费，母亲卖掉了家中的一张饭桌。我眼睫毛往里倒，母亲托人从信用社贷了6元钱，及时到县医院医治。一次，为筹措哥哥上初中需用的10多元费用，一连向六七户乡亲借钱。母亲到亲戚家借钱，耽误了出早工，在返回的路上用布口袋装回20斤牛粪，交到队里换得2分工分。为供我们上初中、读高中，母亲每年大半年时间以红薯、蔬菜充饥，五六年舍不得扯一件价值仅三四元的蓝布衣。快到年关为找钱买救济粮，母亲到公路养路队每天早起晚归干10多个小时的活，只挣8角钱，交回生产队5角，一月凑不够10元钱。有时过春节，家里只有半斤肉，饭桌上母亲把肉都夹到儿子的碗里。有时母亲病了无钱医，就采草药"土治"。还有那年复一年、一年四季披星戴月的繁重劳作……尽管家境如此贫寒，但母亲含辛茹苦，精打细算，却没有让我们两兄弟断顿饿饭，缺衣受冻，并一直想方设法，供我们读完高中。在20多年的风雨历程中，我们从没见母亲在孩子面前悲伤过，总是鼓励我们说，长大出息了，日子就会好起来的。面对苦难，母亲有泪往肚里咽。

也许是"穷人的孩子早当家"，我们兄弟俩懂事很早，才几岁就对父母有孝道。年三十夜，打着火把跟母亲去上坟，含泪跪在父亲坟前发誓要永远孝顺母亲。七八岁上山打猪草，捡到一颗花生，要拿回家非要妈妈吃。同学家办喜事送的两颗水果糖，也留着回家把糖送到妈妈的嘴里。家里的活儿我们兄弟俩总是主动干，争着做。

要是做错了什么事让妈妈生气了，或者考试没得高分，会心痛难受得掉眼泪。要是母亲病了，会跑几十里山路去抓药，晚上守候在床边端药递水，一夜不眠……

孝心催人奋进

到了70早代，母亲好不容易把两个儿子拉扯大了，书也读出来了，兄弟俩本应为母亲减轻些负担，却相隔4年，一前一后到了华北和东北的军营。离家时，妈妈心里流着泪，脸上却荡着笑容："儿于，到部队上莫挂念家里，要听首长的话，把兵当好娘才放心哩！"

在部队这所大学校，我们懂得了不少人生的道理，树立了革命的理想，立下了奉献国防的大志。同时，也时刻想着尚在贫困环境中生活的母亲，从内心发誓要争口气，在部队干出个样子让母亲放心，不能虚度年华让老人失望。于是，在零下20多度的严寒气候下，爬冰卧雪练兵10多个小时，我们不叫一声累。吃高粱米、啃窝窝头、嚼咸菜条、喝白菜汤，我们没道一声苦。每月的6元津贴，除1元寄信，1元买肥皂、牙膏之类的生活用品，省下4元寄回家，我们没讲一声难。想着母亲，兄弟俩勤恳而不知疲倦地工作、学习、磨练，很快当了骨干，入了党，提了干，差不多年年被评为先进，多次立功受奖。兄弟俩还挤时间自学，参加函授学习，获得大专和本科文凭。自然结婚成家这档事，也不忍让老人再操心，只请母亲对未过门的儿媳妇"把关点头"就是了。

孝心培育品行

往后，随着生活条件的逐步好转，我们当儿子媳妇的都有一个共识，就是我们这一代中青年人的父母，都有着艰辛的生活历程，他们过去过的日子，是现在不少青年人想不到，也感受不到，甚至不相信的。现在社会进步了，物质生活条件改善了，不能忘了尽量让老人们过得幸福一点。对此，我们做子女的又都有一个共同的心愿，就是尽心尽责把母亲的生活安排好，让老人在晚年过得开心，过得幸福。两个媳妇在婆婆面前比亲闺女还好，母亲膝下天真活泼的孙女更增天伦之乐。做儿子的虽是男子汉，可对老人却有着女孩般的细心和温顺。在现有条件下，我们为母亲布置了方便、整洁、舒心的居室，备足了夏凉冬暖的衣物，保证了随时有零花钱用。还用自学的按摩技能，每周给老人搞一两次健康理疗。积极支持母亲参加老年人的文体活动。经常利用假日陪老人散步、聊天，倾心聆听母亲讲述一件件往事和生活中的见闻。家中平时言谈处事，尽量照顾到母亲的性格和意愿，不让老人着急、生气。老人想办的事我们都尽量去做，尽量让老人心中少搁事。

也许我们的生活经历所致，在个人生活上从不乱花钱。买三四十元一双的皮鞋坏了还常自己修，衬衣领磨破了请服装师傅给翻个面。另外，与吸烟无缘，从不酗酒，还是"不合时宜"的"牌盲"、"舞盲"。这些方面似乎找不到一点现代人的感觉和气派。可我们却把省下的钱用来给母亲治病，安排老人外出旅游、探亲访故。平时，我们上街办事，或挤公共汽车，或者骑车、步行，没有急事不"打的"，但却主动拿了钱给老人买好大型客机甲等舱位，让母亲圆一次"登天"梦，给老人一份欣喜，还一次心愿，带给母亲一个愉快的回忆。同时，我们把省下的钱，用于捐赠"希望工程"和支援灾区，在帮助有困难的人时，从不犹豫和小气，待我们有义有恩者，更是极力相报。

孝心给我启迪

儿女孝敬老人天经地义。爱父母、爱祖国、爱人民，这原本是一致的，是相辅相成的。我们做到了应做的这一点，是理所应当的。作为母亲，不仅因生活得愉快和幸福，给我们以极大的安慰，同时，老人也倍加关心儿女们的身体和生活，更加支持我们的工作，尽力承担家务，尽心为晚辈分忧解愁。拳拳慈母心肠，既温暖着我们和下一代人，又留给了我们宝贵的精神财富。家庭，真的成为我们人生幸福的港湾。多年来，在我们心中有了"孝心"这份情感，带给我们的是快乐，是幸福，是充实，是满足——

它，在我们的人生道路上，注入了一种巨大的精神力量，使我们无论在哪个岗位上都满腔热忱地去工作，尽力做到"上不愧党"；

它，在我们的内心世界里，始终有一片圣洁的天空，使我们无论在何时何位，都去积极奉行一个人间共有的美德，尽心做到"内不愧老"；

它，在我们生活的环境中，保持着一种温馨超脱的情怀，使人与人相处多为对方着想，真诚善良待人，尽量做到"外不愧友"。

啊！孝心，几千年人们推崇的人间美德，在大力加强精神文明建设的今天，必将在亿万家庭中放射出更加灿烂的光彩！

（唐才礼）

应当理直气壮的谈"孝"

　　"孝"本来是中华民族的传统美德，理应继承发扬，但长期以来却被视为封建道德，以致谈"孝"也无形中成为禁区。十年以前，《中国老年》杂志发表了严北溟教授的文章《今天还应不应该谈"孝"?》，就招来了纷纷议论，以致编辑部后来在《编者按》中不得不避开"孝"字，说"我们希望能通过广泛、深入的讨论，使我国敬老尊贤的优良传统进一步发扬光大"。在这种情况下，《做人与处世》杂志竟然突破禁区，设立"孝子贤媳谱"和"评忠论孝"这类栏目，确属独树一帜。这种关注社会现实中存在的伦理道德问题的责任心和弘扬中华民族优良传统的使命感殊堪钦佩；笔者捧读杂志，倍受鼓舞，也想就"孝"的问题略述浅见，以就正方家。

　　改革开放以来，我国在各个领域都取得了举世瞩目的成就，这是现实生活中的主流。但是勿庸讳言，在家庭和社会的人际关系上，也的确存在着道德标准混乱，道德滑坡的现状。针对这种情况，我们以为，很有必要理直气壮地谈"孝"，把弘扬孝道纳入社会主义精神文明建设之中。

为什么要提倡理直气壮地说"孝"呢？

首先，因为"孝"是至今仍然具有积极作用的中华民族传统美德。据学者研究，"孝"意识远在原始氏族社会就已产生，是一种基于血缘关系，源于人类天性，与民族文化同步发展的最具普遍性的道德观念。"孩提之意，无不爱其亲者；及其长也，无不知敬其兄者"（《孟子·尽心上》）。因此，"孝"并不是阶级社会才产生的阶级意识，我们当然不能简单地把它视为封建道德。不仅如此，就是经过孔子和先秦儒家阐释的"孝"的观念，也不能简单地视为封建道德。由于我国以农业为基础的经济形态从氏族社会时期一直延续到近代没有遭到重大的破坏，以之为基础的氏族宗法血缘关系及与其相应的观念体系也就长期保持下来，成为强固的传统力量。孔子顺应这种现实，把"孝"和"悌"作为建立仁学的基础，从而也使"孝"成为民族文化心理结构的一个重要因素。孔子说："弟子入则孝，出则弟，谨而信，泛爱众，而亲仁。……"（《论语·学而》）又说："夫仁者，己欲立而立人；己欲达而达人。"（《论语·雍也》）这些言论表明，他是把仁学建立在血缘基础上，以"人情味"（社会性）的亲子之爱为辐射核心，扩展为对外的人道主义和对内的理想人格。从而，将反映亲子之爱的"孝"的观念纳入了儒家的思想体系，使"敬老尊长"的民族遗风融入民族文化心理结构。这是孔子对中华民族传统文化的重大贡献，和后世儒家提倡"三纲五常"之类的封建道德是有严格区别的。因之，我们对于历经各种社会形态延续至今的"孝"的观念，应当采取批判地继承的方针，在剔除后世儒家掺入的"三纲五常"之类的封建糟粕的同时，吸收其源于人类天性和氏族遗风的精华，将这种中华民族传统美德，纳入社会主义精神文明建设之中。因为，"在今天以至未来的社会生活中，它可以起到调解人际关系的良好作用"。

其次，因为提倡"孝"道，对保持社会主义的社会政治环境的稳定具有重大现实意义。张岱年教授在《论儒学与现代化》中指出："'父慈子孝'在正确的意义上也还是社会发展所必需的道德条件。如果父不慈、子不孝，父子不能相容，那么社会生活也就不可能维持了。"

最后，因为弘扬孝道是大得人心的。由于民族文化的长期积淀，"孝"意识在我国有深厚的群众基础。尽管有人谈"孝"色变，"孝"仍然是广大人民群众道德评价的标准，"不孝"仍然是为人民所不齿的行为。记得曲啸同志在一次电视报告中谈到，当他的正在谈恋爱的儿子向他征求意见时，他说：恋爱是你自己的事，但我希望你了解一下她对父母的态度，一个人如果不爱父母，她就不可能爱其他人（大意）。无独有偶，有篇《泰安有个公丕汉》的文章说，身为泰安市检察院检察长的公丕汉同志有个观点：不孝父母的干部不能重用。这两位同志的话表达了人民群众的心声。我们还高兴地得知，上海市第二中学开展"孝心工程"，激发了学生爱父母、爱家庭、爱他人的美德。还有，湖北省枝城市大战坡村在改革开放中劳动致富的农民程启木得知农村还有不少老人晚景凄凉后心如刀绞，决定拿出1万元设立"孝子奖"。1996年元月24日，当他向来村访问的市委书记文成国同志汇报自己的想法时，文成国同志当即向随行的宣传部长交代：这件事大得人心，我们市委要将此事作为今年农村精神文明建设的一件大事，在全市农村组织好敬老、养老、爱老活动。程启木可能没读过儒家经典，他的义举充分说明"孝"在人民群众中有深厚根基。另据新华社香港1996年4月5日电；台湾岛内选出了28名孝行模范，当选者因尊老敬老、身处逆境仍然克尽儿孙本分等美德而受到表彰。可见"孝"是海峡两岸炎黄子孙共同的道德观念和心理感情。因此，提倡孝道不仅大得人心，而且会对增强中华民族的凝聚力产生积极作用。

（吴培根）

亲人啊，苦难中我们相扶相携，共度人生苦雨

2001年暑假期间，记者采访了回家看望母亲的硕士研究生文雪梅，含泪记下了这个催人泪下的亲情故事……

我们从幸福的巅峰跌进不幸的深渊

我出生在四川省三台县忠孝乡一个朴实的农家：父亲是个难得的乡村"秀才"。任过生产队会计、大队团支书等职务。而母亲从小就失去了双亲，带大了两个妹妹的同时，也把自己磨砺成了远近闻名的"铁姑娘"。我和哥哥文君、妹妹文雪红在这个农家生活得很幸福。

厄运是在1978年的夏天开始来临的。

那天，父亲在修渠工地感染了风寒而咳嗽不止、高烧不退，经医生检查，父亲患的是结核性肺炎。得知这个消息的刹那，母亲差点晕倒在地。从此，我那英俊潇洒、活蹦乱跳的"大秀才"父亲就成了长年吃药的病簸，家里终年充满草药的苦涩味儿。

为了给父亲治病，为了这个家，母亲更加辛劳了，经常是早出晚归，风里来，雨里去。白天在田地里累一天，晚上回来，还要养

鸡鸭喂猪牛，照顾孩子。成年累月忙得团团转。每天深夜上床睡觉时，她都感到浑身像散了架似的疼，止不住的泪水浸透了枕头。但是，一想到在这个上有老下有小，中间还有个病丈夫的家庭里，自己是唯一的顶梁柱，母亲只能强咽泪水让自己坚强。一大早醒来，她又像上足了发条的钟表一样马不停蹄地开始了新的忙碌。

几年来，尽管母亲千方百计为父亲寻医求药，在病魔的折磨中熬过了整整10年光景的父亲，最终还是熬不下去了。临终前，父亲拉着母亲的手，声音微弱却坚定无比地说："素萍，对不起，我得先走了……我们的几个孩子，君儿、雪梅、雪红，都有读书的天赋，希望你一定要让他们读书啊！拜托你了！我来生变牛变马都要报答你的恩情……"早已哭得像个泪人儿的母亲悲痛欲绝地点着头："……你放心去吧……我会，会让他们读书的……"

10多天后，母亲挣扎着爬起来，把我们三兄妹都喊到她身边，母亲一把搂住我们泪流满面地说："只要你们想读书，就好好读！天塌下来，还有妈这几十斤给你们顶着呢！放心去读吧，啊！你们读出息了，就是妈的盼头，你爸在九泉之下也才瞑目啊！"

第二天一早，母亲就拖着沉重的身躯，扛着锄头、扁担走进了我们一家近6亩的包产地里。

好哥哥为我们撑起半片天

父亲死后，我们一家的日子变得异常艰难了。

哥哥知道自己读书机会的难得，就格外珍惜，学习特别发奋刻苦。每次考试，他的成绩都在班上前10名。在镇上读初中时，由于学校离家有40多里路程，星期天回家，别的同学都是赶班车，只有他来往全靠步行。就是后来到60多里远的三台县城读高中时，哥哥也总是步行，直到实在走不动了时，才搭一节班车或赶熟人的便车回家。一到家，哥哥就不容分说地夺过母亲肩膀上的担子："妈，让我来吧！"担子一上肩，立刻像有无数只蚂蚁在咬似的疼，让他真切地体会到了母亲一个人撑起这个支离破碎的家有多么的艰辛。忠孝乡的乡亲们，至今还清晰地记得我们三兄妹挑粪水的情景：小妹雪红在前，大哥文君居中，我殿后，三人抬两桶粪水，呲牙咧嘴，摇摇晃晃，艰难异常。前后两人还可换换肩，居中的哥哥却是两肩不空。

1992年，哥哥高中毕业了。或许是肩膀上承受的压力太大了，品学兼优的他居然没能考上大学。发榜的那天，哥哥说："妈妈，对不起！我辜负了您和爸的期望……"母亲的心里更是万分的难受，可她忍住了，抹一把眼泪，对哥哥说："你再去复习一年吧！妈再熬一年！"

那天晚上，哥哥房间里的灯光亮到很晚才熄灭。第二天一早，红肿着双眼的哥哥对母亲说："妈，我不读了……让妹妹她们去读吧！"无论母亲怎样劝慰，哥哥都执意不再去复读。"哥，你去读吧，我不读了，我留在家里帮妈干活就是了……"我泪流满面地对哥说。"不，妹妹你们去读吧。我是男子汉，又是大哥，家里有我顶着，你们就放心去读吧!"母亲和我们抱着哭成一团。

从那以后,哥哥那瘦弱的身影就开始陪伴着母亲在田间地头挥汗如雨地辛勤劳作了。然而,庄稼地里微薄的收入却实在难以承受我们两姊妹越来越高的学费支出,母亲和哥哥常常感到力不从心。1993年腊月,一个在西藏工作的叔伯回家探亲时,听哥哥说了想出去打工挣钱来供养两个妹妹读书的想法,就让他跟着到西藏去。

1994年春节刚过,一个寒风刺骨的日子,戴着眼镜,穿着母亲从村里一位退伍军人那里借来的旧军衣的哥哥故作潇洒地和我们告别:"妹妹,你们要好好学习,一定要考上大学,让九泉之下的爸爸瞑目……也给妈妈和哥争口气。哥这辈子,恐怕是没这个机会了……哥挣了钱就给你们寄回来啊。妈妈的身体不太好,你们要多帮着干点活,少惹她生气,家里的事,你们就替哥分担些吧……"我拉着哥的手,哽咽着啥也说不出,流着泪水一个劲地点头。

哥哥那单薄的身影跟在叔伯身后一步三回头地走了,渐行渐远,母亲终于大放悲声了:"君儿,妈无能啊,没能供你上大学,妈对不起你啊……"

哥哥走后,我在整理他的床铺时,发现了他的日记本,上面有一段话让我永远心痛:"我是多么想上大学啊!可是,我要去复读,妹妹她们又怎么办?家里可是卖了树卖了竹甚至连楼板都卖光了的呀!为了爸爸的病,为了这个家,妈妈已经累出了一身病,要负担我们三兄妹的学业,该是何等的艰难啊!我作为家里唯一的男子汉,就来顶起这副担子吧……"我含泪珍藏了哥哥的日记本，也珍藏了人世间最美好的情意。

刚到西藏的林孜县时，由于高原反应，哥哥三天两头淌鼻血，走路都像踩在棉花上，轻飘飘地。身体十分虚弱的哥哥却顾不得多休息，就出去找活干了。他去餐厅洗过碗、去筑路工地挖过土方。由于哥哥太瘦弱，不但受尽了欺凌、白眼，还常被黑心老板克扣、拖欠工钱。为了尽快多挣钱，哥哥又托叔伯找到一家效益较好的预制厂。工头看看瘦弱、单薄的哥哥，一脸的怜惜："你这个娃娃，倒像个读书的人，咋来干这粗活哟？我这儿运河沙、抬预制板，可都是些要气力的粗笨活儿，能行吗？"哥哥咬咬牙说："行。"然而，沉重的杠子一压上肩，哥哥立刻就感到像针扎一样疼痛难忍。勉强支撑了半天，中午休息时，到厕所解手，两条腿又疼又僵，竟然蹲不下去。心一酸，哥哥忍不住掉泪了。但他赶紧擦干，怕人看见，丢了这分"高薪"的工作。

两个多月后，哥哥才渐渐适应了预制厂里艰辛异常的打工生活。但由于西藏高原上天气变化无常，三天两头下雨，预制厂是露天作业，下雨就没法干活，没活干就没工钱拿。哥哥内心十分焦急，为了挣钱，哥哥又去求叔伯帮他租一辆三轮车，雨天和晚上他就去蹬三轮再挣份钱。叔伯看哥哥那瘦弱的样子，眼睛有些发潮："娃娃，白天就够你累了，晚上还去干，恐怕身体吃不消哟？"哥哥却执意要干。拗不过哥哥的央求，叔伯又出面帮着租了一辆人力三轮车。

从此，哥哥白天在预制厂干活，晚上和下雨天就去蹬三轮拉客。刚开始，哥哥还不太熟悉路径。有好几次拉着客人多跑了冤枉路不说，还受客人的训斥，甚至有时连车钱都收不到。委曲得他恨不得甩手不干了，可气一消，又蹬上车满街跑了。

在那些艰辛的打工岁月里，哥哥却一直没有泯灭他的大学梦。在工地上，只要发现有书，不管是啥内容的，也不管是新旧，他都要抓在手里看看。就是顾客遗忘在三轮车上的报纸，哥哥也读得津津有味。

有时，看到自己变得越来越粗犷的模样，而被埋没的梦想却离自己越来越遥远，哥哥心里常常会有一缕伤感如潮水般漫过。但他一想到家里两个妹妹因此能不中断学习，又感到无比的欣慰和满足了。

也许是天道酬善，1996年夏天，满腹经纶的哥哥终于找到了用武之地。一个偶然的机会，他被招聘到了西藏自治区米林县农场子弟校当了教师。由于他在应考的170多人中，成绩名列第二名，经考察后，学校又特为哥哥解决了农转非户口。

当了教师后，自知任重道远的哥哥并没有松懈下来。因为他知道，他不拼命挣钱，我和三妹就无法完成学业。在学校里，哥哥利用业余时间，把寝室后的一块荒坡开垦出来，种上了庄稼。又在厕所边搭建一个简易的猪圈养上了猪，后来又增加了鸡圈养鸡。这在米林农场子弟校的历史上，可是前无古人，后无来者的"创举"。开始，一些不理解的人都用睥睨的眼光瞧他。甚至说他是想钱想疯了。

后来，当学校的同事得知了哥哥拼命赚钱背后的故事，又都反过来给他提供各种方便，把每顿吃剩下的饭菜、洗碗的潲水都积攒给他喂猪养鸡。为了给猪崽们找饲料，附近的苹果园每年收摘苹果时，哥哥都要去帮人家摘苹果。干完活他不要工钱，只要人家将那些有伤痕、虫疤的烂苹果给他喂猪。

因为那时我已经上了大学，妹妹又在读高中，哥哥就是这样"不择手段"地苦挣，但面对我们"巨大"的需求，还是感到左支右绌。不得已，哥哥又开始"重操旧业"。每到周末下午，哥哥就赶班车到林孜县去蹬三轮拉客，周一一大早又急急忙忙赶车返回学校上课。

1998年初，为了减轻母亲的负担，哥哥将小妹文雪红转到米林县去读书，以便照顾她的学习和生活。

我助哥哥上大学

1994年8月29日，在哥哥的支助下，我终于考取了校址在雅安市的四川农业大学，成了全村的第一个大学生。背负着简单的行李和沉重的期望，走出村口的那一刻，我想起了哥哥当年为了我们读书而背井离乡时的情景，不禁泪流满面。我暗自下定决心：等自己有能力时，一定要资助哥哥完成进大学深造的心愿！

在大学期间，我跟上中学时一样，生活上十分节俭，衣服穿最便宜的，吃最简单的。由于我总是一身素衣布服，进教室就坐到最后面。每顿到食堂去打饭菜，也总是有意拖延到别人后面。二两饭一个素菜，然后一个人躲在不惹眼的角落里三两下刨下肚。有时，中午吃剩下的饭，晚上加些开水泡上就当一餐。为了最大限度减轻哥哥的负担，我经常利用寒暑假和周末去作家教、做钟点工。大一的第一个寒假，我在西街一家小餐厅找了份洗碗、上菜的工作，每天可挣10元钱。那天，大概是两手在冷水里泡得久了，冻得不听使唤，不小心将一摞洗净的碗掉地上摔碎了。老板娘闻声过来，不问青红皂白，当众就对我破口大骂。委曲的泪水叭叭地直往下掉。那以后，我还作过广告员、服装店的熨烫工、宾馆的礼仪小姐等等。在获得报酬的同时，也品尝了人世间酸甜苦辣的百般滋味。

繁忙的学习之余，我经常给哥哥写信去，鼓励他作好再次冲刺的准备。1998年初，我大学即将毕业，由于我成绩优秀，很顺利地联系好了到成都一家单位工作。我立刻写信给远在西藏的哥哥，让他再考大学："哥，我马上就要工作了。你就放心去考吧，以后家里的一切都由我来负责，你千万千万要放下一切包袱去考！哥，我们的父亲去世得早，你就像父亲一样供养我们，每当我想起你那羸弱的身躯在沉重的压力下艰难挪移时，我的心就如刀割一样难受……哥，你为我们付出了太多……现在，希望你也能如愿以偿！有什么困难，请务必及时告诉我，现在轮到我了。哥，你一定要答应我，好吗？……"接到我的信，哥哥感动极了，一个人躲在寝室里痛痛快快地哭了一场，多年来所受的苦难和委曲全都在那一刻烟消云散了。

1998年7月，丢下包袱、轻装上阵的哥哥终于以优异的成绩考上了西藏大学成人教育学院。同年，小妹文雪红也被拉萨市医学院录取了。听到从西藏高原传来的喜讯，我流下了欣慰的泪水："爸、妈，你们的心愿终于全部实现了！"

哥哥和小妹上了大学以后，我肩上的压力一下子变得更沉重了。在单位，我还像上学时一样拼命节俭，每天早晨经常是一个馒头一杯白开水。一个星期难得吃一次肉。同事问我，我就说自己怕长胖。每到月底领了工资，我就赶紧按比例分成3份，最多的一份给哥哥和小妹寄去，再给母亲寄一份，自己留下最少的一份。每次"瓜分"几百元的工资时，我都有一种捉襟见肘的尴尬。为了增收节支，我曾留下许多刻骨铭心的记忆。一次，我利用星期天应聘到一个姓唐的私企老板家作家教。老板那读初二的儿子第一天就给了我一个难堪。他一边吃零食，一边打游戏机，对我的讲解爱理不理的样子。我实在气不过，批评了他几句。那狂傲的小家伙居然指着我的鼻子说："你有什么了不起？还不是我老爸花钱请来的临时工？"当时把我气得眼泪都掉下来了，拎起自己的小包就夺门而逃。可刚走出门，我就冷静了。哥哥和妹妹都需要学费啊！哥哥为了我们，在外面受的罪、吃的苦还少吗？我抹干眼泪，又推门进去了。我不顾中学生一脸的鄙视，很平静地给他讲了一个山乡穷孩子艰难求学的故事。讲着讲着，心一酸，我的声音哽咽了，眼泪就出来了。中学生有些惊讶，继而低下了头，小声地对我说："对不起，老师……"

1999年春天，一位同事给我介绍了个各方面条件都不错的男朋友。第一次见面，我就向对方阐明："我可是有拖累的，当初我哥哥打工供养我上了大学，现在我要帮助他和妹妹完成大学学业。"男朋友听了我们兄妹相互帮扶的故事，不但没逃走，反而发现宝藏似地激动不已："在你们这样有情有义的兄妹面前，我还能不高尚吗?"他不但答应每月拿出工资的一半来参加我的"反哺"行动，还答应了我要等到哥哥和妹妹大学毕业后才能结婚的"苛刻"条件。

生命，经历了苦难会变得坚强，经历了真情会变得崇高。

2000年8月，我在一边资助哥哥、妹妹上大学的同时，一边仍孜孜以求继续拼搏，又以优异的成绩考上了西南财大的硕士研究生，再次踏上了艰辛的求学之路，同时也给在西藏同时就读大学二年级的哥哥和妹妹吹响了继续前进的冲锋号!

（刘建梅）

守　夜

　　"您的儿子来啦。"护士在老人面前反反复复地说了好几遍，老人才终于睁开了双眼。

　　因为头天晚上心脏病突发，此时此刻，老人已进入了半昏迷状态。老人模模糊糊地看到了那个年轻的海军陆战队士兵，就站在自己的床边。

　　老人颤巍巍地伸出手，海军陆战队士兵赶紧用他那刚劲的手，一把握住了老人这只软弱无力的手，并且略微用劲地示意了一下。护士搬来一把椅子，让疲惫不堪的士兵坐在床边。

　　整个晚上，年轻的士兵就这样一直坐在灯光暗淡的病房里，握着老人的手，轻轻地对老人说一些安慰的话。弥留之际的老人虽然什么也说不出来，但他那只手始终和年轻人的手黏在一起。尽管病房里氧气瓶发出"咝咝"的声音，病人在不停地呻吟着，还有值班人员进进出出，但年轻的士兵全然不觉，始终守护在老人的身边。

　　每次护士到病房来察看病人时，都能看到海军陆战队士兵把嘴贴在老人的耳朵上，轻轻地安慰着他。有好几次护士都转身回来建议士兵休息一会儿，但每次年轻人都没有听从她的建议。

临近黎明时分，老人终于停止了呼吸。土兵把老人那只正在变冷的手放回到床上，然后起身去叫护士。

护士把老人推出了病房，并按程序做了一些该做的工作，年轻的士兵就静静地待在病房里。护士回来后开始安慰年轻人，可是士兵却打断了她的话。

"这个老人是谁？"士兵问道。

"他是你父亲啊！"护士吓了一跳。

"不，他不是我父亲。"年轻人这样回答，"我长这么大从来没有见过他。"

"那我把你带到他面前时，你怎么不说？"

"我想肯定是接到紧急通知，送我来这里的那些人出了差错。在我们部队，还有一个人和我同名同姓，我们都来自同一个地方，部队的番号也相同。肯定是他们阴差阳错地通知了我。"年轻的士兵解释道，"不过我知道老人这个时候迫切需要他的儿子，可是他的儿子却到不了这里。当时我能够感觉到，他已经分辨不出我到底是不是他的儿子了。所以当我意识到那个时候正是他最需要亲人在身边的时候，我就决定留下来了。"

说完这些话，这个年轻的士兵一脸平静，但能看得出，他很悲伤。从他的眼神里，流露出来的悲伤之光，瞬间打动了这名护士。她明白，在他意识到眼前的这个男人不是自己的父亲时，他可以提出离开；在晚上老人昏迷之际，他可以离开；当这位老人走完了自己的人生旅程、飞往天堂时，他更可以离开。可以这样说，从他来到医院，一直到第二天的黎明时分，在这个时间段里，他随时可以离开。可是为了给老人最后的温暖，他选择了留下。并且像老人的真正儿子一样，轻声地安慰他，握紧他的手，为他盖严被子，一直陪他到最后的时刻。他为他守护住了最后的温暖，也实现了他思盼儿子的愿望。他的这夜守护，将把他，连同爱，一起送往天堂。同时，也将人类的人性之光，插上了天使的翅膀，与爱一同翱翔。

（张维　译）

你真的懂得尊重吗？

一个从省城大学来的礼仪教授将为同学们讲一节礼仪课，教授先告诉同学们到别人家拜访时应如何敲门，之后，教授来了一次模拟礼仪表演。他让一位同学扮做送水工，自己是主人。"送水工"敲门，进门，然后把水搬进了屋里。教授指出"送水工"三个礼仪方面的细节问题：敲门声太重；没有表明自己的身份；没有带一次性鞋套套住鞋子。

于是，"送水工"和教授又来了一次表演，一切按照教授指点的那样做，所有动作结束后，"送水工"仍然站着看着教授，教授说："这位同学，你可以下去了。"学员说："如果有人给我送水，我常常不好意思让他们换鞋，宁可自己拖一下地板。还有，送水工离开的时候我都会说一声'谢谢'。教授，我需要一声谢谢。"教授呆住了，继而说了一声"谢谢"。

这件事带给我们很多启发，它促使我们反思：在我们要求别人学会尊重人时，自己是否做到了尊重他人？我们是否把尊重别人仅仅看成是一种礼仪？

　　我的一位邻居不是什么礼仪教授，对礼仪知识懂得也不多，但他却用自己的行为赢得了别人的尊重。为了方便送水工，他把饮水机安在门口，这样送水工来的时候一伸胳膊就可以换水，省去了进门套脚套的时间。在他看来这不经意的一件小事却被送水工深刻地记在心里，逢人便说，遇人便讲，使大家不自觉地对他产生敬佩。

　　礼仪不是用钱堆砌出来的，它是一种沉淀、积累，所有形式应该自然地融入到生活中的点点滴滴，反之就是不自然。我每天都与这么一群人擦肩而过，他们看似平凡，但总能让你感觉很好，让你感受到尊重，不管是坐电梯，还是开门关门，或者问路、购物等，他们都让你感到自然。一个人只要他是从内心尊重所有生命的，那么他就不会觉得礼仪的规范是烦琐的。

　　是啊，与人为善是一种美好的品德。凡事设身处地地为他人着想，不经意间，也就收获了他们的一份尊重与敬佩。

　　尊重不仅仅是礼仪，礼仪只是尊重的外在表现，把对方看成是自己一样的平等个体才是尊重的内容。

　　尊重绝不是社交场合的礼貌，而是来自人心深处对另一个生命深切的理解、关爱、体谅与敬重，这样的尊重绝不含有任何功利的色彩，也不受任何身份地位的影响。

　　其实每个人都希望得到别人的尊重，受到别人的重视，得到别人的肯定，这不单纯为了满足自己的这一点点虚荣心理，这种尊重并不是礼仪上的尊重，而是人格上的尊重。要尊重他有自己的隐私，有自己的空间，有自己的选择，有自己的态度，与他保持一定的距离，给他一个安全的心理，这样他才不会焦虑，不会猜疑，不会防范，不会憎恨。其实这一点对我们大家都是一样的，谁都不想让别人靠自己太近，管自己太多，只要超过了自己的安全心理系数，就会排斥，就会拒绝。

尊重与礼仪是密切相关的，尊重是"里"，礼仪是"表"。在日常生活中，我们要表里一致，准确地表达自己对别人的尊重。

（刘玉真）

爱就是被感动

剩男剩女结婚了。

为了宣泄心中的不悦，她总是不停地唠叨，说他笨，不会体贴，没有情调，没有本事，挣不来钱……事实并不像她说的那样。其实，他是个很不错的男人，他知道她嫁给他心里不平衡。

这一年的春天，因为旧城改造，他们在郊区临时租了一间平房。到了夏天，雨渐渐地多了起来，他租的那间平房年久失修，房顶有时漏雨。

这天夜里，下起了暴雨，不一会儿房顶就开始漏雨了。他起来搬箱倒柜，锅碗瓢盆接了一地。她什么也不做，躺在床上不停地抱怨："嫁给你算是倒老霉啦！住这样破的房子，这是人住的地方吗？"突然，房顶漏下的雨水正好滴在了她的脸上，她再也躺不住了，气匆匆地爬起来，穿上衣服就往外跑。他去追她，两个人在雨里拉扯着。她要回娘家，他不让她走。他知道她身体不好，怕她被雨淋坏了，他硬是把她抱回来，两人全都浇得像落汤鸡似的。他帮她擦干身上的雨水，又从柜子里取出衣服给她换上。重新躺下时，憨厚的他愧疚地说："让你住这样的房子，唉！"那一刻，她的心头一惊，一种从未有过的感动涌上心头。

她虽感动，可心里还是有些不大痛快，所以，什么话也不肯说，只是静静地躺着。

凌晨两点多钟的时候，他被她的咳嗽声惊醒，伸手轻轻摸了一下她的额头，感觉烫得厉害，他背着她不顾一切地向附近的医院跑去……

住院期间，他每天精心地照顾着她，洗这个送那个，忙前忙后，无微不至。病友们都羡慕她找了个好丈夫，她什么也不说，只是淡淡一笑。

病愈出院后，当她回到那间小屋时，却意外地发现房间的一切都变了：墙壁粉刷一新，顶棚也是新粘的，屋里屋外打扫得干干净净，房顶上也做了防水。这一切都是在她住院时，他悄悄一个人干的，他是想让她回到家时能有一份好心情。看着温馨的小屋，再看看憔悴的丈夫，她抑制不住内心的激动，眼泪一下子从心底涌了出来，她哽咽着，反复地说着一句话："你为什么要对我这样好？"他不说话，只是憨憨地笑。

晚上，她失眠了，结婚三年来的婚姻生活如同电影一幕幕从眼前闪过，丈夫为她所做的一切引起了她的反思：看看邻居家的主妇，洗衣服做饭买菜拖地，丈夫一下班便摆上香喷喷的饭菜，拿来烟酒，可丈夫从未享受过她的温柔。她身体不好，丈夫从来不让她洗衣服做饭……而这一切她总是认为是这个男人应该做的。现在她忽然间明白了，三年来，丈夫每天忙工作、服侍老人、做家务，人瘦了，苍老了许多，这全都是为了她累的。这一切，触动了她心灵最柔软的地方，泪水夺眶而出……

打那之后，她看丈夫时的眼光变了，丈夫走路时迈出的八字步不再显得扎眼，那瘦削弯曲的身形不再像个"小丑"，他洗的衣服清洁光亮……她终于发现：真挚情感的积累是会生出爱的。

其实，爱就是被感动。因为爱情的"自私"无论如何也敌不过真挚的情感。

（樊富庄）

那扇爱的窗户

北方的小城，相爱四年的他们终于有了自己的房子。在新买的房子里，他们举办了简单的婚礼。日子虽过得不富裕，但幸福也如潮水般一直往外冒。

谁知因为一场金融危机的席卷，他的工资被减半，日子捉襟见肘了。此时，夏天悄然而至。

今年的夏天如火烤一般地热。他们的新房里还没有安装空调，热得他们每夜每夜地睡不着。他下狠心买了一台空调，安置在卧室里。以后的夜里，他终于可以搂着她看着窗外的星星，凉凉快快地说枕边蜜语了。

他对她许诺，只要有他在，不会再让她吃一点苦。她也柔情蜜意地说，亲爱的，只要我们在一起，吃多少苦我也不怕。

半个月后，她出现了呕吐的症状。去医院一查，他们有了爱情的结晶。当着医生的面，他就把她抱了起采。医生急忙关照，这可不行，我理解你的心情，可是这样对孩子不好。还有最初三个月是危险时刻，建议你们分房睡。他兴奋地说，知道了知道了，我一定会照顾好她的。她也笑了说，应该是照顾好我们。

一路喜笑颜开的他们回到了家里，他自觉地把被子搬到了客厅。

她心疼地说，不要紧的，亲爱的。他果断地说，你就让我在客厅睡吧！

夜里，她的卧室里是均衡的26度，而客厅却有着30多度的高温，还好客厅有窗户，开着窗户睡，似乎凉快些了。

清晨，她起来的时候就看到他揉着自己的腰。她关切地问，怎么了。他说，可能是后半夜风大，吹着了，没事的。看着他揉着腰，极不舒适地走出了家门，她的心里极不是滋味。

夜里，他十点才回来，她已经休息了。他打开客厅的窗户，看了会电视，一会就倒在沙发上睡着了。一夜无梦，他睡得特别香甜。

第二天早晨，他醒来的时候，居然发现腰没有疼。不止这一天，以后的日子，他的腰再也没有因为吹夜风而疼过。

随后的一周里，这个北方小城迎来了橙色预警高温天气。天实在大热了，开着窗户，他也依然睡不着。折腾了很久，大约后半夜了，家里似乎才凉快了一些。他刚要迷迷糊糊地睡着，她卧室的门忽然开了，他瞬间清醒，这么晚了，她要做什么呢？也热得睡不着吗？卧室应该是恒温的呀！很多疑问在他的脑海里挥之不去。他静静地躺在那里没有动。她蹑手蹑脚走到窗户跟前，关上了窗户。她之所以每夜起来给他关窗户，是因为一张报告单，她偶然在抽屉里找到的。原来他的腰一直就有旧疾，根本就不能吹夜风。

他的眼睛瞬间湿润了，以前的每个日子里，她一定也是这样，在后半夜起风的时候偷偷起来关上窗户，天快亮的时候再打开。

黑暗里，他叫了她的名字。她呆住的时候，他紧紧地抱住了她。

（花独尔）

在赞扬中成长

　　每个人对赞扬都怀有一份特殊的感情，渴望赞扬乃人性使然。黑格尔在他的《生活的哲学》里讲述了一则故事：一个被执行绞刑的青年在赴刑场时，围观人群中有个老太太突然冒出一句："看，他那金黄色的头发是多么的漂亮迷人！"那个行将永别世间的青年闻听此言，朝老太太所站的方向深深鞠了一躬，含着泪大声说："如果周围多一些像您这样的人，我也许不会有今天。"

　　生活离不开赞扬，赞扬伴我们成长。忧郁的人有了赞扬，眼里的天空会突然蔚蓝起来，继而发现周围的一切并非都是想象中的不尽如人意，有些事物甚至是那么美好，枯燥的生活一天天滋润；自卑的人有了赞扬，信心和勇气陡增，困难和挫折变得渺小起来，胆怯抛到了脑后，更拥有一份自信。有人总结：赞扬，是人生前行路上的"助推器"，一次不经意的赞扬，有时能改变人的一生。

　　要赢得赞扬，首先要学会赞扬。当别人取得成绩、赢来收获时，哪怕是一点点，都要及时予以肯定；当朋友和家人因为缺陷或受失败的困扰，准备自暴自弃、消沉退却时，要即刻送上一份真诚的赞扬，帮助他树立起战胜困难的信心。须知，赞扬别人，凝固了相互间的感情，找到了正确看人的定位点。更重要的是，从别人的闪光处，看到了自身的不足，增强了学习他人、完善自己的紧迫感。

生活中有这么一些人：有的因为长期被赞扬声包围，飘飘然起来，只听得溢美之词，听不得半句逆耳之言，渐渐失去了自我；有的为了得到赞扬，弄虚作假，欺上瞒下，而他受赞扬的背后，是一片埋怨甚至不齿的骂声；有的为了私利，曲意逢迎媚悦上级，用廉价的好话糊弄下级，恣意玷污赞扬。须知，赞扬是肯定更是鞭策；赢得赞扬靠塌塌实实的劳动，需要实实在在的成绩；赞扬，拒绝虚伪庸俗。透过赞扬，能看出一个人的人品官德；善待赞扬者，赞扬助其进步，玩弄赞扬者，迟早要受到生活的惩罚。

我们常常遇到这样的情形，应该受到赞扬而未被赞扬，甚至还被误解。尤其在是非曲直模糊或者颠倒的地方，这种现象更突出。比如：救人者被误认为肇事者，清廉反被认为死板或没有魄力，做好事反而受嘲弄，等等。这个时候，不妨自己赞扬自己，自己给自己喝彩，用自己的掌声为心灵留住一片洁净的绿地，在人生中书写无悔的诗章。

让我们都在赞扬中成长！

（江一顺）